AF276850

Museología

Primera edición: abril de 2026
Título original: *Museologia*

© Jaca Book S.R.L., 1992/2024
© de la traducción, Isabel Fuentes, 2026
© de esta edición, Futurbox Project, S.L., 2026

Todos los derechos reservados, incluido el derecho de reproducción total o
parcial de la obra.
Ninguna parte de este libro se podrá utilizar ni reproducir bajo ninguna cir-
cunstancia con el propósito de entrenar tecnologías o sistemas de inteligencia
artificial. Esta obra queda excluida de la minería de texto y datos (Artículo
4(3) de la Directiva (UE) 2019/790).

Diseño de cubierta: Taller de los Libros
Imagen de cubierta: Freepik - bestvector083

Publicado por Ático de los Libros
C/ Roger de Flor n.º 49, escalera B, entresuelo, oficina 10
08013, Barcelona
info@aticodeloslibros.com
www.aticodeloslibros.com

ISBN: 979-13-87592-70-7
THEMA: GLZ
Depósito Legal: B 8363-2026
Preimpresión: Taller de los Libros
Impresión y encuadernación: Liberdúplex
Impreso en España — *Printed in Spain*

Cualquier forma de reproducción, distribución, comunicación pública o
transformación de esta obra solo puede ser efectuada con la autorización de
los titulares, con excepción prevista por la ley. Diríjase a CEDRO (Centro
Español de Derechos Reprográficos) si necesita fotocopiar o escanear algún
fragmento de esta obra (www.conlicencia.com; 91 702 19 70 / 93 272 04 47).

Adalgisa Lugli

Museología

Una mirada a la historia de los museos

TRADUCCIÓN DE
ISABEL FUENTES

ÁTICO DE
LOS LIBROS

BARCELONA - MADRID

Adalgisa Lugli

Museología

Una mirada a la
historia de los
museos

Índice

LAS RAZONES DEL MUSEO

«Visitamos las galerías de arte no por amor a los pintores, sino por amor a nosotros mismos».

Jacob Burckhardt

Tanto si despierta simpatía como si se lo considera con
un vago desdén, el museo es mucho más que un lugar
donde se conservan obras y objetos. En la primera mitad
del siglo XX las vanguardias lo combatieron con feroci-
dad. En la segunda, marcada por una compleja recuperación de valores del pasado, se convirtió en una de las
instituciones centrales del mundo occidental. Con unas
ciudades cada vez más parecidas las unas a las otras, que
se vuelven insufribles para quienes las habitan y para
quienes las recorren, el museo —es decir, el pasado de un
lugar— ha adquirido una mayor centralidad en el ima-
ginario colectivo. En un mundo que cree haberlo visto
todo, el museo ha terminado por convertirse, paradójica-
mente, en uno de los últimos reductos de lo maravilloso
o lo distinto. Un lugar de curiosidad, todavía hoy, en el
que se puede encontrar algo que se sale de lo cotidiano.

No en vano, el museo desempeña un papel representativo indispensable en las ciudades y capitales. En el siglo XIX se construyeron imponentes edificios para albergar esta institución. Por su parte, en el siglo XX o bien se continuó este camino —lo que resulta visible sobre todo en los grandes museos de arte contemporáneo de Estados Unidos, monumentos por derecho propio—, o bien se impusieron soluciones opuestas —sobrias, neutras—, como ha ocurrido desde los años cincuenta hasta hoy, aunque siempre según el mismo principio diversificador. Los grandes proyectos de renovación urbanística de ciudades como París se articulan en torno a museos nuevos o recientemente remodelados, como puntos centrales de atracción de masas. En otros casos, se asiste, a través del museo, a la reconstrucción de una nueva historia y de una nueva memoria, como ha ocurrido en Alemania a partir de los años ochenta. En Italia, solo se han emprendido nuevos proyectos en casos muy excepcionales, y aún persisten las graves carencias estructurales que tan bien conocemos: problemas primordiales de conservación de las obras de arte, de su tutela y custodia y dificultades de acceso. Pero no puede negarse que el interés y el debate en torno a esta problemática han sido intensos.

Asimismo, podría decirse que en estas últimas décadas nos hemos dotado de herramientas críticas que nos permiten leer el museo de un modo distinto. Figuras particularmente sensibles al fenómeno de la colección, como Walter Benjamin, han proporcionado, aunque de manera no orgánica —pero quizá precisamente por ello más estimulante—, importantes claves de lectura, por ejemplo al enfatizar la carga simbólica que rodea al objeto-museo y lo convierte aún hoy en una institución especial e indispensable.

Algunas importantes reflexiones sobre la teoría de la colección han llevado a leer el museo como un lugar fuera de la realidad, completamente ajeno a los mecanismos de uso y de producción de los objetos que caracterizan la experiencia cotidiana. El museo exhibe características únicas, incomparables con las de cualquier otra institución. Cuando entramos en un museo, cruzamos una frontera, y lo que se halla tras ese umbral es una especie de mundo al revés. La génesis de una imagen como esta se encuentra, de hecho, en el museo decimonónico, lugar de depósito y sepultura de obras maestras. Más adelante, las vanguardias rechazaron el museo, y ello recurriendo a diferentes estrategias: desde la repulsa de la «forma» del museo —con la obra que sale del cuadro y adquiere nuevas dimensiones y nuevos materiales— hasta el retorno del museo al interior del marco poco después —con los *ready-made*—, pasando por la lenta reimposición de un modo museístico de pensar el objeto artístico, caso de los dadaístas, de artistas como Schwitters —en su casa-museo de Hannover—, de Picasso o de los surrealistas.

Para las vanguardias, el museo es lo que todavía hoy sigue siendo para el gran público: el espacio de la negación, aunque su imagen se haya vuelto más atractiva.

Por otro lado, una consideración ulterior queda más cercana en el tiempo. Así, la profunda reintroducción de un pensamiento de matriz marxista en el seno de la cultura europea, sobre todo en la cultura francesa e italiana de los años sesenta y setenta, conduce a una reconsideración del museo como un lugar abstracto. De este modo, se lo contempla como la única expresión, o casi, de un sistema social entero, un espacio que hipotéticamente permanece aparte de la realidad capitalista. El museo es el lugar del Estado, de la propiedad pública y el lugar de las prohibiciones. Los objetos que pueden ser vendidos, cedidos o destruidos fuera del museo no pueden serlo dentro. Lo que fuera se puede tocar, aquí es objeto de prohibición. Las cosas que fuera cambian con el paso del tiempo, aquí permanecen inmóviles. Baudrillard avanza en esta dirección en *El sistema de los objetos,* en el que nunca se habla de museo, pero se alude a un sistema que prevé el museo como lugar de verdadera legitimación y sacralización del objeto. He aquí, en parte, el origen del culto fetichista que se rinde al hallazgo.

Algunos museos reciben hoy una gran afluencia de público, y esta percepción de excepcionalidad, de unicidad de la institución, se ha acentuado. Para muchos visitantes basta con recorrer las salas sin haber visto nada o casi nada. Como si el ritual consistiera en rendir culto a una misteriosa divinidad mediante el solo gesto, el solo esfuerzo de echar un vistazo al interior de lo que ha sido, desde los orígenes del museo moderno hasta hoy, su templo. Un perfecto ejemplo de esto es el nuevo acceso del Louvre, que se asemeja a la sala de embarque de un aeropuerto: es muy amplio y está siempre lleno de gente en movimiento. Parece que se está produciendo un fenómeno análogo a lo que sucede desde hace tiempo en el Centro Pompidou. Al visitante le basta con poner un pie en el museo, sin tener que entrar en las salas.

Estas situaciones museísticas contemporáneas, a las que nos enfrentamos continuamente, invitan a la reflexión. No es fruto del azar que el museo ocupe hoy una posición central. Esta situación no tiene parangón en el pasado, aunque no faltan indicios de que ya estaba muy difundida y extendida entre el público en la segunda mitad del siglo XIX. En una de las novelas de Zola, una pareja de recién casados se dirige al Louvre tras la boda. Fascinado por las rarezas de Europa, el protagonista de *El americano* de Henry James, un bostoniano de firmes convicciones pragmáticas, intenta comprender, nada más llegar a París, algo de este nuevo mundo deambulando por las salas del gran museo de la ciudad, donde los pintores venden copias de obras maestras a los turistas.

El público que aparece en las representaciones de museos de la década de 1880 tiene un aire de multitud curiosa, con señores que pasean y madres con niños que se inclinan sobre las vitrinas.

Los fenómenos que hoy, a principios de los años noventa, afectan al museo, proceden de la ulterior y gran difusión que esta institución ha experimentado al situarse en el centro del interés del público de masas.

Su singular naturaleza ha contribuido de manera decisiva a convertirlo en un instrumento particularmente adecuado para la configuración del mundo moderno y la atención de sus exigencias. Puede dar la impresión de que la sociedad lo haya convertido en el gran custodio de la historia, al menos a primera vista. Y es que el museo tiene ventajas innegables: se expresa por medio de imágenes y, así, crea la ilusión de proporcionar un conocimiento tan rápido como fácil. Esto se aprecia bien si se piensa en relación con la ciudad. Para el gran público, el museo es quizá el único depositario de la imagen condensada de un lugar o de una nación, imagen que de otro modo resulta difícil de captar en su totalidad. Esta aspiración o ilusión de totalidad, que el museo ha expresado y buscado, constituye hoy en sí misma un motivo adicional del atractivo y de la centralidad de esta institución. Quien visita el Louvre, el Museo Británico o el Museo Metropolitano de Arte de Nueva York tiene la firme impresión de haber recorrido, y habitado, un manual que abarca toda la historia del arte. Así, determinadas exposiciones monográficas sobre artistas, u otras con títulos muy genéricos y poco problemáticos («Los futurismos», «El siglo XX», «Los fenicios», «Los celtas»), llegan mejor a un público que aspira a reunir información dispersa, a sintetizar y a asimilar con rapidez conocimientos complejos, cuestiones problemáticas, partes de acontecimientos entrelazados entre sí. De este modo, hoy se constata que incluso cuando el museo no se preocupa en absoluto por ser didáctico,

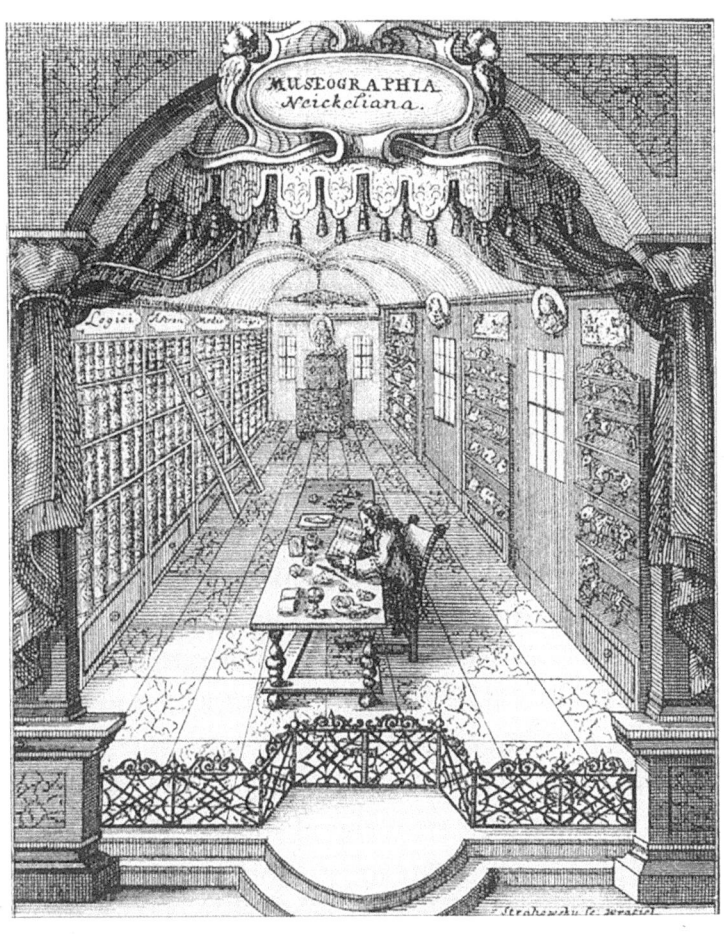

El Museo Neickel, de C. F. Neickel, *Museographia neickeliana,*
1727.

logra transmitir una imagen de sí mismo fácilmente asimilable, porque en cualquier caso representa una selección, una sintetización de los objetos.

Todo esto no es sino una prueba de lo que se decía al comienzo del libro. El museo ha penetrado profundamente en el mundo moderno occidental, que ha construido una auténtica «cultura museística» y erigido por doquier monumentos a su pasado o al presente, ya sea de la ciencia o del arte contemporáneo.

Conviene señalar que estas características generales, que han pasado a convertirse en patrimonio común, son fruto de al menos cuarenta años de trabajo, desde la posguerra hasta hoy, años que han renovado la fisonomía de esta institución.

Resulta tentador simplificar y decir que todo el trabajo que se ha desarrollado a escala internacional en estas últimas décadas es museología. Lo es, en efecto, al menos en un sentido terminológico.

Desde la posguerra hasta hoy, el museo ha sido objeto, como nunca antes, de una serie de iniciativas internas muy concretas. La propia consolidación del término *museología* responde a un replanteamiento de la problemática en torno al museo. Por primera vez en la historia de esta institución, ya en los primeros compases de la posguerra, se crea un organismo internacional, el ICOM (el Consejo Internacional de Museos), asociado a la Unesco, que desde 1948 trabaja por la coordinación de los museos de todo el mundo. Es en este contexto donde se impone el término *museología,* de procedencia anglosajona, que ha venido a sustituir gradualmente —aunque esto sigue siendo objeto de debate— a la antigua denominación, *museografía,* codificada en 1727 por Caspar Friedrich Neickel en su *Museografía u orientación para la concepción adecuada y el conveniente establecimiento de los museos o cámaras de curiosidades.*[1] Conviene detenerse en el tratado de Neickel para subrayar su importancia. A comienzos del siglo XVIII el museo empieza a adquirir una vocación educativa y pública, y la obra de Neickel aborda por primera vez cuestiones generales, sin estar vinculada a un proyecto o a una colección en particular. En este contexto se emplea el término *museografía* para subrayar el carácter descriptivo del tratado. En efecto, se analizan las formas de museo existentes, atendiendo a las denominaciones que han adoptado en distintos países, poniendo el foco en el contenido *(Schatzkammer, Kunstkammer, Naturalien* y *Raritätenkammer* en Alemania), en el entorno *(cabinet* y *galerie* en Francia; *galleria* y *studio* en Italia; el propio término *museum* se cita en latín y remite al mundo antiguo). Se ofrece, además, una de las definiciones más orgánicas y claras de las tipologías de los objetos coleccionados, que se dividen en dos grandes clases: *naturalia* y *artificialia.*

En el tratado, el término *museografía* engloba todo lo que en ese momento concernía al museo. Se examina la estructura de las colecciones y se elabora un inventario de estas y de sus características, ciudad por ciudad en toda Europa. En primer plano está el museo: sus elementos constitutivos y su contenido. Esto es lo que le interesa al autor. De vez en cuando se detiene a aclarar a quién pertenece la colección de la que se habla: si se trata de una institución eclesiástica, privada, de monarcas o de príncipes. Las colecciones están abiertas a quien desee visitarlas, como demuestra el florecimiento de una literatura —a cuyo género pertenece también la obra de Neickel— que empieza a describir e inventariar las principales colecciones europeas; a menudo se trata de relatos de viaje. Aquí podemos identificar una característica de la tratadística museológica: o bien tiene una dimensión proyectual que se materializa en consejos e ideas para realizar un museo, o bien se manifiesta como literatura museística que no proyecta, sino que registra y clasifica colecciones y museos existentes. En este sentido, la de Neickel es una auténtica museografía, es decir, un recorrido por los museos de su época. El término ha cambiado profundamente en su uso moderno.

Existe una línea divisoria muy marcada que separa el museo del siglo XVIII del museo del siglo XIX. Tras la Revolución francesa —aunque con claros antecedentes en la Ilustración—, el museo pasa a ser público en un sentido completamente nuevo, es decir, abierto a las masas. Sin embargo, en el momento en que Neickel escribe su *Museografía,* todavía no se ha planteado la cuestión del uso del museo. La colección semiprivada, abierta a escasos visitantes altamente cualificados —huéspedes ilustres, aficionados y estudiosos—, cuenta con sus propios sistemas de autoconservación, que regulan el acceso. Esto se aprecia bien en las rarísimas imágenes antiguas que muestran interiores de cuartos de maravillas, galerías o gabinetes de curiosidades. La estancia que alberga la colección suele carecer de visitantes, a veces hay uno o dos, a lo sumo. Aparece por lo general el coleccionista o una figura equivalente, que constituye el antecedente del conservador del museo moderno. En los gabinetes de curiosidades, como el museo boloñés de Ferdinando Cospi (1677), a veces una rareza viviente —un enano, en este caso— es quien muestra la colección.

Hoy la presencia de público en el interior del museo es algo normal, pero el estudio del efecto que produce la presencia de visitantes en las salas es un fenómeno reciente. En algunos casos —como en un famoso templo del arte contemporáneo, el Museo Solomon R. Guggenheim de Nueva York—, se constata una diseminación estratificada de obras de arte, componentes arquitectónicos y visitantes: aquí el museo se convierte en un monumento a sí mismo, no sin cierto vértigo. En otros casos, encontramos una estetización, por así decirlo, del público del museo, como, por ejemplo, en las fotografías tomadas por el conde Primoli en su visita al Museo de Villa Torlonia en torno a 1898.

En la actualidad, el museo parece haberse vuelto de nuevo fotogénico. Se lo fotografía vacío, por su mobiliario, por los insólitos contrastes visuales que se producen en él,[2] o bien por el efecto que surge del conjunto formado por la obra y quienes la contemplan.

Los artistas que frecuentaron el museo en el siglo XIX se cuentan entre los primeros en apartar la mirada de las obras para fijarla en los visitantes. Es el caso de Medardo Rosso, en cuya obra y en cuyas palabras se expresa, mucho antes que en las de los futuristas, el malestar ante un museo cuya entidad se ha vuelto demasiado condicionante para la experimentación artística: «Cuando voy con un amigo al museo y me muestra las obras maestras allí catalogadas, sin duda las admiro como él, pero al mismo tiempo me reafirmo en la idea de que sería más sano, una vez en el trabajo, olvidar mis admiraciones estériles y no recordar sino aquello que con mayor vida se muestra en el museo, aquello verdaderamente interesante como modelo: es decir, la gente que camina por él, como mi amigo y yo».[3]

CUARENTA AÑOS DE MUSEOLOGÍA

En el museo moderno, un aspecto destaca con mayor claridad del resto, y con consecuencias más significativas: se trata del interés por el público. Vemos sus efectos, precisamente, en la museología. Puede decirse, quizá con trazo algo grueso, pero sin alejarse demasiado de la verdad, que la museología de estos últimos cuarenta años es la respuesta a una nueva relación del museo con el público y la sociedad, y que se configura, precisamente, a consecuencia de las nuevas funciones a las que el museo se ve obligado a dar respuesta.

La museología más reciente, la que se consolida a partir de 1948, representa el punto culminante de un proyecto que se distingue con claridad de los del pasado. A la antigua museografía se le ha sumado la museología, y ambas disciplinas comienzan a convivir, intercambiar funciones, transformar sus significados y articularse en un ámbito complejo en el que solo hoy, y no sin dificultad, empieza a abrirse paso cierta claridad. En realidad, el papel que la museología desempeña hoy, y que ha desempeñado desde el fin de la Segunda Guerra Mundial, hubiera resultado inconcebible para la «museografía» antigua. Ningún problema sobre la finalidad o el funcionamiento del museo podía plantearse con tanta urgencia antes de que el museo se abriera al público y, finalmente, a un público no especializado. El célebre *torniquete* —la barrera de acceso al museo que impone, a partir de los últimos decenios del siglo XIX, el pago de una tasa para poder ingresar—, marca un punto de inflexión. Si bien, por una parte, introduce un criterio de discriminación económica, por otra parte es, en cualquier caso, el signo de una apertura mucho más amplia al público. Ya no se tiene en cuenta la profesión; no es necesario ser un erudito o artista para acceder a las colecciones, como había sucedido con los gabinetes a partir del siglo XVII y con las academias del siglo XVIII.

Si hoy hablamos de museología es por el auge del «museo hijo del azar», pues somos herederos de este último en una sucesión de etapas que, partiendo de la Ilustración y siguiendo con la Revolución francesa, desembocan en el otro gran siglo de los museos, espejo del nuestro, que nos precede: el siglo XIX. La museología moderna, estos cuarenta años de teoría y práctica que tenemos a nuestras espaldas, es el fruto directo del museo posilustrado. Es a partir de este momento —muy cercano a nosotros si se contempla en una escala milenaria— cuando se inicia el proceso de reflexión sobre el museo, sobre su definición y sus funciones, que prosigue de formas diversas y con distintos grados de intensidad, al menos hasta hace una década. El período más reciente requiere de algunas consideraciones, pues se ha producido una nueva metamorfosis. Se vislumbran quizá otros cambios, un nuevo papel del museo frente a la sociedad. Está naciendo otra cara de esta institución multifacética, que parece transformarse cada vez más en un espejo de voluntades ajenas.

En líneas generales, en el lapso que va desde la posguerra hasta hoy, se han producido los primeros —aunque no muy frecuentes— intentos de precisar los límites de una disciplina que aspira a abarcar una institución profundamente compleja y contradictoria. Sin embargo, es necesario decir desde el primer momento que es la museología la que nace del museo, y no al revés. De hecho, la museología ha permanecido, al menos hasta hoy y durante mucho tiempo, prácticamente eclipsada por el museo. Lo constatamos en los poquísimos estudios que se declaran abiertamente museológicos —y de los que se da cuenta en el apartado bibliográfico—, pero también en la escasa frecuencia con que el propio término aparece. Puede decirse que, a medida que las reflexiones proliferaban y ganaban consistencia, se percibía con mayor intensidad la necesidad de cierta articulación general. Al mismo tiempo, crecía el espacio dedicado a los proyectos, a los congresos y al intercambio internacional. Todo ello sin olvidar que algunas de las consideraciones más valiosas en torno a esta disciplina se han plasmado en ámbitos prácticos: en trabajos de campo, en iniciativas de coordinación o de carácter didáctico dirigidas a quienes trabajan en el museo, en programas de protección y de conservación, de restauración de obras o de conjuntos museísticos.

Es necesario tomar conciencia de que se avanza sobre un terreno muy inestable y en continua evolución: el propio museo, un fenómeno de mil caras. Siempre se tiene la tentación de ofrecer definiciones muy generales del museo o de no ofrecer ninguna en absoluto. Resulta más fácil, como se ha hecho a menudo, proceder según criterios que inventaríen los fenómenos y traten de establecer elementos de articulación, antes que identificar rasgos generales. La reflexión en torno al museo se caracteriza por no ser sistemática. Se trabaja en un ámbito en el que quien interviene —y, en particular, quienes lo hicieron en el pasado— no organiza su práctica en estructuras más generales. Basta pensar en la idea del museo como sistema de comunicación, es más, como uno de los prototipos de este, elaborada en la práctica por museólogos y conservadores durante al menos veinte años antes de que los semiólogos definieran los contornos de esta imagen del museo —a menudo presentándola como original— y la teorizaran. Quienes ponen en práctica estas teorías o quienes estudian la historia de esta institución suelen encontrar algún aspecto ausente, alguna faceta oculta.

La museología nace del museo, como se ha dicho, y en un momento en que el museo centra de forma particular su atención en la relación con el público. Aquí podemos añadir algunas consideraciones generales más. La museología comienza a existir cuando el museo se convierte en lo que es hoy: el espejo de la sociedad que lo expresa, de voluntades políticas concretas y, al mismo tiempo, la síntesis de una responsabilidad colectiva frente al tiempo pasado, presente y futuro. En realidad, la museología moderna, aquella cuyos orígenes más recientes hemos visto, desarrollada tras la Segunda Guerra Mundial, está ya a punto de nacer en el momento en que el museo se consolida como institución pública. Nace a consecuencia de una configuración y de una función determinada que convierte el museo en algo más cercano a lo que entendemos por ello.

Un primer acercamiento elemental al concepto de museología no puede sino considerarla un elemento capaz de dotar de consistencia a las reflexiones o a la toma de conciencia que el museo ha llevado a cabo en estos años y que podrá emprender en el futuro. Aunque, como veremos, se trata de un marco de pensamiento que todavía está muy lejos de haber alcanzado un estatuto definido. Es, por tanto, una definición que está, en gran medida, todavía por construirse, o quizá, en realidad, por no construirse —en el sentido estricto del término—. Además, en última instancia, no debe darse por definitiva en absoluto, pues, más que de premisas teóricas específicas, deriva de acontecimientos, experiencias, cambios en la conciencia colectiva frente al pasado y grupos que presionan y se hacen oír. En este sentido, resultará útil no solo proceder a un examen de los términos *museología* y *museografía,* como se está haciendo, sino aportar también alguna clarificación sobre la génesis del propio término *museo*, al que no conviene seguir atribuyéndole una carga histórica tan grande que acabe por vaciarlo de todo significado, como se ha hecho hasta ahora.

El término que hoy manejamos es de clara procedencia renacentista y origen italiano. Es el museo tal como lo imaginaron y lo materializaron los humanistas. Nuestra aceptación historiográficamente pasiva del fenómeno, pero también la gran juventud de la museología como disciplina, quedan asimismo atestiguadas por el hecho de que, por un lado, no existe todavía una historia articulada del museo, al menos a partir de la época moderna, y, por otro, tampoco se ha investigado el propio término y su uso. En lo referente al uso, el término *museo* irá perdiendo con el tiempo su carga metafórica, y lo reencontraremos a comienzos del siglo XIX, cuando ya se utiliza por extenso. En el siglo XX el museo alcanza una centralidad social —cuando no cultural— que nunca antes había conocido. Puede que no sea una institución funcional en muchos aspectos, pero es un símbolo y un referente cultural de primer orden.

Ocuparse de museología a finales del siglo XX significa, ante todo, esto. Tomar conciencia de la profunda raigambre de la realidad y de la imagen del museo en el mundo contemporáneo, con los fenómenos de intensa actividad y de planificación museística que han caracterizado a Europa y Estados Unidos a partir de la Segunda Guerra Mundial y que han afectado también a Italia, pese a su particular situación histórica.

Por consiguiente, una definición de la museología, como disciplina y como conjunto complejo de atenciones al museo, deberá, por una parte, mantener necesariamente una estrecha relación con el presente y con el papel que el museo ha asumido en el mundo contemporáneo —para interpretar sus significados—, y por otra, recuperar, en su definición histórica, los aspectos más destacados de un recorrido que hoy debe aspirar a constituirse en trabazón de un conjunto de teorías, normas y experiencias que hacen de la museología un conglomerado de voces, estudios y proyectos, más que una disciplina que pretenda imponer al museo su devenir.

En efecto, la museología es el resultado de una compleja serie de fuerzas, en la que entran en juego pares antinómicos sobre los que, especialmente en los últimos años, se proyecta una compleja historia de relaciones simbólicas con los objetos.

En realidad, si podemos empezar a esbozar una delimitación conceptual del término, debemos ser conscientes de que nos hallamos en los inicios de su diferenciación respecto a la otra vertiente de estudios y reflexiones que, como se ha visto, durante mucho tiempo y con un sólido trasfondo histórico, se ha denominado *museografía*. Lo que se pretende es proponer la apertura de una disciplina que podría no tener —o no querer tener— límites, con el fin, por un lado, de arrojar, más que nunca, toda la luz posible sobre la historia del museo y, por el otro, de que sea lo más receptivo posible al presente. Museografía y museología son, por una parte, términos que han de definirse cada vez que aluden a fenómenos del pasado y, por otra, conceptos que deben situarse en un contexto preciso también en el presente. Georges Henri Rivière, gran museólogo, fundador del Museo Nacional de Artes y Tradiciones Populares de París, uno de los impulsores del ICOM, afirma que los términos *museo, museología* y *museografía* —términos que, por lo demás, contribuyó a precisar con su trabajo teórico y práctico— son su tela de Penélope: «Mientras yo viva, habrá una nueva definición del museo, de la museología y de la museografía». Rivière es autor de uno de los poquísimos textos articulados sobre la museología. Fue publicado de manera póstuma y con el modesto título de *La muséologie selon Georges Henri Rivière,*[1] en perfecta sintonía con los problemas planteados y con el trabajo de toda una vida.

Emprender un recorrido por la museología solo es concebible si uno se dota de una herramienta muy prudente y respetuosa en un terreno tan complejo: una especie de mapa de un territorio cuya configuración definitiva está aún muy lejos de conocerse, pero que requiere estar preparado para redibujar sus límites de tanto en tanto, con todos los riesgos que entraña avanzar sin saber cuál será la forma final. Todo cuanto puede hacerse es delinear un trazado que se despliega progresivamente y en el que se establecen de cuando en cuando lugares y nombres. Existen líneas de tendencia que atraviesan la institución museística y crecen con el tiempo. Una de las tareas propias de la museología es precisamente la de inventariar, mediante una rigurosa investigación histórica, esas líneas estructurales y observar sus efectos sobre los aspectos funcionales y de conservación. Así, por una parte, seguir la evolución del conocimiento del museo, que se va profundizando cada vez más, y, por otra, tener claro el proyecto *museológico* ideal, hacia el que se avanza, y rastrear también en él sus líneas estructurales, manteniendo la debida distancia con ellas.

Cuando, a partir de los años cincuenta, se empieza a hablar del nuevo papel que desempeñará el museo, se sabe bien qué es lo que no se quiere que sea. Está muy clara la imagen negativa que el museo ha dado de sí mismo durante mucho tiempo. La interpretación de esta imagen quizá fue un tanto extremista, aunque con importantes salvedades. Por ejemplo, la restauración del Museo Poldi Pezzoli de Milán, reabierto en 1951, tras haber sufrido daños durante la guerra, constituye el típico ejemplo de una colección con rasgos muy particulares, propios de una residencia privada de finales del siglo XIX, con una profusa decoración.

En la Italia de los años del despertar de un rigor racionalista que proclamaba a cada paso el credo de Loos («el ornamento es delito»), este museo podía haber corrido un serio peligro. Pero se han respetado plenamente sus rasgos históricos, como puede apreciarse en las consideraciones de Franco Russoli, director de la Pinacoteca de Brera de 1952 a 1977: «Ciertamente, este eclecticismo redundante que se sirve de los más diversos elementos estilísticos y los interpreta con variantes naturalistas para crear ambientes en los que se amontonan estucos, *boiseries,* tejidos, bronces, etcétera, para transmitir un efecto de excesiva riqueza decorativa, nos resulta hoy muy lejano. Pero si logramos hacer prevalecer la objetividad del juicio histórico sobre las razones de nuestra sensibilidad, educada de manera tan distinta, habremos de reconocer en las obras nacidas en esa época auténticos valores […], un verdadero y apasionado conocimiento de las formas antiguas […], y además una sabiduría y una conciencia artesanal de alto nivel».[2]

Russoli es el primer museólogo italiano moderno, impulsor de uno de los proyectos museísticos italianos más amplios y fecundos, el milanés, que comienza precisamente con la restauración y la reapertura del Museo Poldi Pezzoli y prosigue con el proyecto de la Grande Brera. Es también uno de los primeros directores de museos en Italia en adherirse a las iniciativas del ICOM. Algunos de sus escritos nacen precisamente de actuaciones promovidas por la Unesco. Estos fueron reunidos, tras su fallecimiento, en el volumen citado. En sus palabras, reconocemos el proyecto que, desde los primeros compases de la posguerra, caracterizó de manera muy marcada la nueva museología italiana hasta hace una década y que dio lugar a otras aportaciones en este terreno, a partir de las reflexiones teóricas y sobre la práctica museística de Andrea Emiliani, a saber, que un proyecto de redefinición museológica debe cimentarse sobre un análisis histórico más o menos consciente, más o menos motivado por importantes razones. Este es uno de los primeros puntos que señalar en nuestro mapa: la museología tiene como fundamento la historia del museo.

Los años de Russoli constituyen un momento muy significativo de la reconstrucción y creación de un nuevo modelo de sociedad inmediatamente posterior al final de la guerra. Así, debe abandonarse una determinada función del museo, una cierta imagen suya, cerrada y distante: la idea del museo como cámara del tesoro, templo o laboratorio reservado únicamente a una investigación especializada. Y precisamente en esa dirección no se quiere avanzar. Estos aspectos de la institución resultan inaceptables. Tal vez el museo no ha sido siempre así o no todos los museos se han movido exclusivamente en esa dirección, pero este es, sin duda, el rasgo que para muchos caracterizó en mayor medida al museo del siglo XIX, el museo nacido de las campañas napoleónicas o el conjunto de los grandes museos imperiales de las capitales europeas, de París a Londres, de Berlín a Viena. Estas instituciones colosales se convirtieron en las protagonistas de una determinada manera de mirar el museo y de visitarlo. Además, el museo decimonónico hizo sentir su peso autoritario y aplastante sobre la creación artística. En particular, produjeron este efecto los museos de arte industrial, que atrajeron a su interior, a partir de mediados del siglo XIX, al sector más activo de la investigación figurativa, llamado a aprender precisamente de los modelos antiguos propuestos. Por ello, el museo del siglo XIX, ese imponente monumento de un siglo que rindió un culto inmenso al pasado, no dejó de suscitar, a comienzos del siglo XX, el rechazo y las críticas por parte de las vanguardias artísticas, que querían romper con la tradición y, por ello, hicieron de esta institución su primer objetivo. Este es el escenario en que se desarrolla la museología más reciente.

En este sentido, el pensamiento de Russoli es ejemplar. Suyas son las primeras reflexiones sobre el museo procedentes de Italia en tener un alcance internacional, hechas con la convicción y el deseo de que los problemas de mera supervivencia —que constituyen un obstáculo para el normal funcionamiento del museo en Italia— no impidan pensar en encaminar el museo italiano en la misma dirección hacia la que se está moviendo el museo en el mundo. Algunas reflexiones de gran valor contenidas en *El museo en la sociedad* son ejemplo de buena museología. Si su fundamento debe ser, ante todo, la atención al devenir histórico, entonces el museo en Italia deberá pensar en su realidad particularísima. Y aquí aparece un primer criterio museológico, destilado de un museo que conoce bien su pasado: «El museo no puede ser único e idéntico en todas partes, atendiendo a principios generales estandarizados, sino que, respetando las normas técnicas consideradas las mejores por el estudio científico de los problemas de conservación de los objetos, debe asumir en cada caso el carácter que su patrimonio e historia exigen. Del mismo modo que un cuadro puede requerir una restauración pictórica incluso integradora —no se tratará nunca de reconstrucciones—, y otro, en cambio, una restauración que se limite a conservar las partes absolutamente íntegras, así también un museo podrá basarse por completo en criterios de presentación espacial austera y funcional, mientras que otro necesitará, por el contrario, respetar un «entorno» tradicional.[3]

El reconocimiento de la diversidad, de la complejidad del fenómeno, es otro de los ejes fundamentales del mapa de la museología que aquí se traza. Esto significa que el museo toma conciencia de su modo de existir, mediante un profundo esfuerzo de autorreflexión, y deja espacio a la capacidad de proyección, pero solo allí donde existan la voluntad y la posibilidad de inventar lo nuevo. La museología se sitúa, por lo tanto, en el centro de un proceso de conocimiento y de impulso proyectual. Lo cual no significa, en el caso de Italia, que sea necesario caer en la fiebre de inaugurar nuevos museos. Aunque Russoli lamenta la falta de estructuras dedicadas al arte contemporáneo, en particular en Milán, su pensamiento proyectual apunta a un acuerdo entre los distintos museos de una ciudad, para que se armonicen y funcionen conjuntamente como una red de creación cultural, a fin de adoptar una perspectiva unitaria o, mejor aún, de observar desde la distancia adecuada la realidad museística en toda su complejidad.

MUSEOGRAFÍA

Un museo que se identifica gradualmente, cada vez más, con su relación con el público y se interroga, como se ha hecho desde la posguerra hasta hoy, sobre la manera de transmitir su mensaje al visitante no puede sino dotarse de un aparato metodológico vinculado a su funcionamiento. Ya se ha aludido al problema del acceso a las colecciones. Un museo cerrado al gran público presenta problemas de uso y de conservación completamente distintos a los de un museo abierto. Si, además, la institución pretende ser un medio insustituible de conocimiento, entonces deberá dotarse de un aparato extremadamente complejo en el sistema expositivo, en la legibilidad de sus contenidos, en su funcionamiento general y en los problemas de seguridad y de conservación material de los objetos. Todo ello ha ido quedando lentamente fuera del ámbito de la museología para pasar a formar parte de la museografía. Ambas son el resultado de la consolidación del museo abierto, del museo para la sociedad.

También en este caso advertimos un rasgo característico de estos dos polos y de su interdependencia.

La museología se apoya en la historia de la colección, y así se ha afirmado desde múltiples ámbitos y de las formas más diversas, pero siempre con un propósito coherente: el conocimiento es una condición indispensable para cualquier proyecto. El conocimiento es la clave de la tutela.

La museografía, entendida como sistema de indicaciones de funcionamiento, como análisis de situaciones prácticas y propuesta de soluciones, dista mucho de ser eminente y asépticamente técnica. En realidad, aun desde esta nueva definición —delimitada con respecto al denso y totalizador trasfondo histórico que tuvo en el pasado—, es una disciplina cognoscitiva, que debe considerarse estrechamente vinculada a la museología. Como dos caras de la misma moneda, no existe la una sin la otra. Todos los problemas prácticos que afronta la museografía requieren que su proyecto esté en consonancia con aquello que el museo quiere ser. Separar ambas dimensiones resulta muy peligroso y, por desgracia, es un fenómeno hoy común. El arquitecto que proyecta un nuevo espacio museístico o restaura uno preexistente realiza una operación de museografía, vinculada a los aspectos prácticos de un espacio, a la conservación de las obras y a su disfrute. Pero todo ello se inscribe en el ámbito de la museología, en lo que respecta a qué museo se quiere crear o a qué destino se somete un museo existente. En todos los campos que aborda la museografía se produce una aplicación de ideas y teorías sobre el museo, incluso en aquellos aparentemente inocuos. Esto se vio con claridad al escuchar la queja de quienes, en décadas pasadas, se vieron obligados a proyectar espacios anulando la presencia de cualquier estímulo creativo.[1] Un contenedor aséptico no es un objeto neutro, sino que es, más que nunca, el resultado de una elección museográfica concreta, orientada a reducir, hasta donde sea posible, la interferencia del entorno circundante y a recuperar el máximo de posibilidades expositivas y de movilidad.

Museología y museografía, al definirse recíprocamente y apoyarse en fuerzas distintas que operan en el museo, corren hoy más que nunca el peligro de separarse. Sobre todo en la actualidad, cuando, como se decía, el alcance de las intervenciones en el museo se ha incrementado de manera considerable, mientras que la museografía actúa en ausencia total, al menos aparente, de teoría. Nos encontramos, sin duda, lejos del momento pionero de las reflexiones de los años sesenta y setenta, reflexiones continuas, incesantes y que abordaron cuestiones muy diversas hasta convertir el museo en uno de los campos más fecundos de pensamiento y estudio, en el que diversas disciplinas humanísticas y científicas se interrogaron sobre sus posibilidades didácticas y comunicativas, sobre todo por parte de quienes fueron protagonistas de aquel debate y trasladaban directamente a la reflexión teórica experiencias procedentes de su trabajo en el museo, tanto en Italia como en Europa. La tendencia actual está precisamente ligada a la adopción de nuevos esquemas y distinciones, sobre todo en un ámbito que empieza a querer considerarse autónomo, o casi autónomo: el de la museografía. Esto resulta particularmente evidente hoy cuando, pasados los años ochenta, inmersos como estamos en la siguiente etapa de la evolución museológica, el concepto de bien cultural, que en parte surgió en el museo —y que, en cualquier caso, fue promovido y perfeccionado ante todo por quienes procedían del mundo del museo—, se ha impuesto como tema dominante. Es un concepto vastísimo, peligrosamente inabarcable, como lo es el propio museo. El concepto llega oficialmente a Italia en 1973 con la creación del Ministerio de Bienes Culturales. Conocemos bien su historia, que también se remonta a un pasado lejano: a las desamortizaciones napoleónicas, a la destrucción de un determinado orden y de un aparato de conservación que puso en circulación grandes cantidades de objetos. El museo que nace de todos estos naufragios es el museo decimonónico, con las limitaciones de las que ya se ha hablado en parte. Limitaciones, por lo demás, que no son nuevas, porque la historia del coleccionismo es —no en su totalidad, pero sí en gran medida— una historia de objetos desarraigados, ya en sus orígenes más remotos, desde los botines de guerra romanos, y más recientemente, con la política de expropiación, más o menos encubierta, o de adquisición que algunas grandes dinastías de soberanos coleccionistas han ejercido, por ejemplo, ya a partir del siglo XVII, en detrimento de las instituciones eclesiásticas. Sirva de ejemplo el caso de los Este en Módena, una colección empobrecida a causa de la pérdida de la capital del ducado, Ferrara, en 1598, y reconstituida en parte con grandes obras maestras de Correggio, Parmigianino o los Carracci, procedentes de iglesias. Sin embargo, en estos casos, los objetos desarraigados se integraban en un contexto de colección propiamente dicho. Su acumulación no era casual: de algún modo estaban sometidos a un proyecto. Por el contrario, lo que sigue a la serie de desamortizaciones que van desde finales del siglo XVIII hasta los años posteriores a la unidad de Italia es un fenómeno completamente distinto. A raíz de estos acontecimientos entran en el museo objetos de lo más heterogéneos. El azar pasa a ser la nota dominante, y, en torno a una acumulación casual, solo puede construirse un discurso de tutela, no un proyecto cultural. Las modificaciones arquitectónicas de las ciudades y las intervenciones de derribo de edificios históricos contribuyen a llevar al museo los objetos más diversos, fragmentos tratados como pequeñas reliquias de alguna gran estructura para entonces inexistente. Se trata en parte de materiales ya reutilizados en la Edad Media y que en el Renacimiento se convirtieron en la preciada ornamentación de fachadas y patios, adornados con bajorrelieves o restos escultóricos. Desde comienzos del siglo XIX hasta hoy, ha sido constante esta concepción del museo como testimonio y destino final de las sucesivas destrucciones históricas. En esta misma lógica se inscribe también el reciente proyecto de instituir nuevos museos diocesanos, que deberían servir para frenar la pérdida de objetos procedentes de iglesias cuya apertura y seguridad ya no se puede garantizar.

El concepto de bien cultural extendido, difundido fuera y dentro del museo, ha seguido un recorrido independiente del museo. No compete aquí ilustrar sus etapas, salvo en la medida en que puedan coincidir con un proyecto museológico y, sobre todo, museográfico. No obstante, es necesario hacer una consideración al menos. Es ya evidente que el debate sobre los bienes culturales ha relegado a un segundo plano la reflexión sobre el museo. Las décadas de los ochenta y noventa han supuesto un estancamiento en la teoría del museo, aunque se han construido museos como nunca antes: más de cien solo en Alemania y grandes y prestigiosas instituciones en Francia, como el Centro Pompidou, La Villette, el renovado Louvre o el Museo de Orsay. Es por lo tanto fundamental reflexionar sobre las características y las funciones de estos grandes museos. Sin duda, son los proyectos realizados que más se aproximan a ese cortocircuito entre bien cultural e institución museística del que se ha hablado. No tanto porque expresen una política del bien cultural como elemento de conocimiento y de gran valorización del objeto, sino porque materializan precisamente una síntesis entre bien cultural y bien económico. Es decir, dan forma a instituciones que tienen en cuenta nuevas exigencias transmitidas por el entramado económico y social que rodea al museo. Los grandes museos pueden ser excelentes inversiones si se los considera como lugares donde se centraliza el interés sobre la ciudad, por el entramado mercantil del que pasan a constituirse en núcleo y por la demanda turística de masas a la que logran responder, naturalmente por ahora solo en términos de cifras, más que de calidad de la información. Andrea Emiliani ya abordó previamente estos temas en Italia,[2] aunque sobre un terreno receptivo al concepto de bien cultural con un importante fundamento historicista, que encuentra su equivalente en el museo. En realidad, se han ido insertando con el tiempo otras variantes, que han relegado a un segundo plano al propio museo. Se han acuñado expresiones sugerentes que prometen una suerte de El Dorado tras el rastro de la cultura histórica, de obras de arte y de restos de la historia de la ciencia esparcidos a manos llenas: yacimientos, islas del tesoro.

El peso del mercado y de la economía en las decisiones culturales y los patrocinios, así como las dinámicas y prácticas de importación estadounidense, se han manifestado con gran intensidad en la Europa de la última década. El museo ya no es, desde luego, protagonista, sino que se ve sometido a un juego de intereses y dinámicas que lo sobrepasa. Puede decirse que, de manera coherente con lo ocurrido en el pasado, también en este momento sigue siendo la expresión de una situación, en particular del debilitamiento de las ideologías que habían acentuado su función social. Lo que pasa a ocupar el primer plano son, simplemente, los mecanismos económicos, que se presentan como la nueva ideología. También aquí resulta necesario analizar con detenimiento las motivaciones históricas de estos modelos que se están imponiendo, por lo demás con razones que en ciertos aspectos son más que comprensibles, como el incremento de capital para el buen funcionamiento de las instituciones museísticas. Sin embargo, el modelo estadounidense, que origina el fenómeno en términos generales, es sin duda muy distinto del europeo. La tradición de los museos históricos es mucho menos relevante en Estados Unidos, donde gran parte del trabajo realizado se ha orientado hacia el arte contemporáneo, mucho más vinculado al mercado, al intercambio, a valores económicos en continua e incierta fluctuación. Incluso, con un punto de malicia, podría recordarse lo que Russoli señalaba en 1968, al analizar las razones del *boom* de los museos de arte contemporáneo en Estados Unidos: «Obligados a una acción de recuperación de lo antiguo, los estadounidenses no quieren quedarse atrás en el reconocimiento de los valores artísticos contemporáneos». Además, son parte intrínseca de la tradición estadounidense tanto el papel gerencial de los directores de museo como —y a diferencia de Europa— la escasa consideración de los valores ligados a la historia de la colección, con la posibilidad de ceder determinadas obras para adquirir otras, una práctica que también se ha trasladado a Europa, como propuesta de ulterior colonización cultural, por parte del director de un museo holandés en estos últimos años. Es el caso de Rudi Fuchs, que se encuentra al frente de una colección histórica de gran importancia —la del Museo Gemeente de La Haya—

con la impaciencia de un gestor sin presupuesto y sin ninguna conciencia de los deberes de tutela y conservación que deberían corresponderle.

En estos casos extremos pueden vislumbrarse modelos de comportamiento que se superponen desde el exterior sobre un museo que ya no actúa como ente autónomo y que ahora, además, apenas realiza reflexiones y análisis de sus propios objetivos.

En el debate sobre el aspecto económico de la gestión museística, como único argumento no sustentado en motivaciones culturales de la misma relevancia, ya pueden vislumbrarse los primeros indicios de una museografía que ha logrado separarse de las justificaciones museológicas y hacerse autónoma e intimidante.

HERRAMIENTAS

En la última década, la evolución de los acontecimientos nos lleva a considerar que resulta más urgente
que nunca pensar el museo en términos nuevos, no
solo de tutela y conservación de las obras expuestas,
actuales o potenciales. El perfil actual es el de un museo que, desde los años en que, en sus mejores casos,
intentó orientar su mensaje hacia el conocimiento a
través de los objetos, se ha transformado en un sistema de comprensión más fácil y rápido de transmitir, pero también superficial, mientras que una buena
parte de las energías de la institución se dedica a la
comercialización de los recursos. En este contexto es
preciso repensar la función de la museología. Resulta
necesario definir nuevos objetivos y volver a situarse
en el interior de la institución, en aquellos rasgos que
la han hecho llegar hasta nosotros. En este sentido,
debe pensarse y promoverse un mayor conocimiento del museo precisamente a través de los medios de
los que la museología puede disponer y de las energías que puede suscitar mediante un trabajo cada vez
más amplio, que no sea solo investigación académica,

sino que además logre insertarse con mayor vigor en el núcleo vivo de la realidad contemporánea. Como el museo debe reconocer de manera imprescindible, museología e historia de la colección deben actuar aquí de la mano.

Del estudio de la historia del coleccionismo proceden, entre otras cosas, algunas indicaciones importantes que pueden resumirse en la adquisición de datos —distintos en cada época— sobre la relación entre lo público y lo privado en el museo. Asimismo, entre museo, recopilación y colección reconocemos cierta permeabilidad terminológica, que llega hasta la contemporaneidad; de igual modo, estos términos se aplican indistintamente a instituciones públicas, semipúblicas o privadas.

En realidad, también debemos comprobar que el origen del museo se encuentra en un gesto profundamente privado. Coleccionar, reunir y salvar objetos de la destrucción forma parte de un comportamiento que parece haber sido una constante en la historia humana, desde el gesto elemental de disponer objetos a su alrededor, en forma de una microestructura protectora hecha de vestigios ligados a la vida y las personas. En el ámbito privado, cada cual se rodea de un pequeño núcleo de objetos que quiere salvar, al menos temporalmente, de la destrucción. Se trata de un gesto cuyas razones profundas el psicoanálisis comenzó a poner de relieve a principios del siglo xx y que pueden ejemplificarse, llevándolo al límite, con lo que Kafka decía de sí mismo: «Estaba tan angustiado que solo me tranquilizaban los objetos que podía tocar o meterme en la boca».

Los estudios sobre los comportamientos del ser humano, que incluyen también su instinto de reunir objetos, experimentaron un notable incremento precisamente a finales del siglo XIX. No por casualidad, su florecimiento coincide con el momento en que la práctica de coleccionar se difundió entre estratos sociales más amplios y la figura del coleccionista fue adquiriendo perfiles cada vez más definidos. Contribuyeron a precisarla algunos espléndidos retratos literarios, como el de Balzac en *El primo Pons;* o el de los dos amigos coleccionistas enciclopédicos, Bouvard y Pécuchet, de Flaubert; o el de Huysmans en *A contrapelo,* con el retrato de Des Esseintes. En el siglo XIX, el coleccionista encontró su lugar en la *Comedia humana* y parece haber salido de un escenario impreciso. No por nada, estos primeros retratos literarios aparecen precisamente tras la época que, después del Renacimiento, registra los mayores cambios en el ámbito de la conservación de la obra de arte. En efecto, dos centurias son clave para el desarrollo del museo: el siglo XV y el siglo XIX. Se trata de dos momentos de renovación y de gran auge del fenómeno museístico, en el que lo público y lo privado se mezclan de manera inextricable para incentivarse de manera recíproca. No existe una historia exclusivamente dedicada al coleccionismo privado, como tampoco existe —ni puede existir de forma autónoma— una historia del museo. Es importante que esto quede claro en relación con cualquier consideración en el ámbito de la museología. El estudio y la reflexión sobre los problemas del museo no pueden separarse de la realidad de la historia del coleccionismo privado. Ambos términos se entrelazan continuamente en el uso y no dan muestras de escindirse ni siquiera hoy. El gesto de coleccionar, como se ha visto, es uno de los comportamientos arquetípicos del ser humano; además, desde la Segunda Guerra Mundial, toda buena historia del museo o del coleccionismo, y cualquier intento de definición teórica —de Taylor a Alsop, pasando por Pomian— no ha dejado de subrayarlo. También los animales coleccionan, y la antropología ha aportado pruebas conductuales de la difusión de este fenómeno en diversas culturas. Un eco de estos orígenes universales de la colección se encuentra asimismo en la introducción a *Las cámaras artísticas y de maravillas del Renacimiento tardío* de Schlosser (1908), en la que se sintetizan brevemente las nuevas perspectivas introducidas por la psicología —destino natural para cualquier erudito vienés— y por los estudios sobre el hombre primitivo.

Es necesario, sin embargo, subrayar un aspecto de la historia del coleccionismo que se inscribe plenamente, como herramienta, en un ámbito más estrictamente museológico. En los orígenes del museo y de la colección existe ante todo un proyecto: la voluntad de elegir y reunir una tipología de objetos antes que otra. Podría decirse que el gesto coleccionista posee, desde el principio, una matriz fundamentalmente cultural en sentido amplio. Sin embargo, el proyecto está implícito en los elementos de investigación y estudio que se encuentran en la base del coleccionismo. Lo vemos, desde una perspectiva histórica, en la experiencia renacentista de la que surge el museo moderno.

Alumbrar un proyecto de colección es un problema complejo, y constituye una de las claves de lectura de la propia colección. Para la museología es uno de sus elementos fundacionales. Poner de relieve el proyecto que está en la base del museo aclara de inmediato su identidad y sus fines, pues el proyecto guía las elecciones. A partir de esas decisiones puede recomponerse lentamente un conjunto y enriquecerlo con todas aquellas informaciones que le son consustanciales. A saber, ante todo, la relación con el espacio, el orden y el montaje. La museología deberá ocuparse de «la voluntad artística» coleccionista y de las formas en que esta se manifiesta. Y no solo de eso: la investigación sobre el proyecto es el elemento constitutivo de todo gesto museológico, desde la Antigüedad hasta el presente. Se trata de un complejo entramado de datos que rodean a la obra y en el que, una vez más, museología y museografía deben integrarse. El proyecto es la ubicación original de una pintura en una iglesia o una colección. Todo lo que la obra aún puede decir desde su materialidad —sus dimensiones, su estado de conservación, el marco que la contiene y, naturalmente, los documentos históricos que la acompañan— forma parte del proyecto. Precisamente sobre esta base y este tejido fragmentario trabaja el museólogo al proponer la incorporación de una obra al museo. Que se trate de un objeto antiguo, de una obra del siglo XX o contemporánea no supone diferencia alguna. También la obra contemporánea aparece separada de su contexto original, pues sale del estudio de un artista y originalmente se concibió para exhibirse en una galería. Así, plantea problemas de reinstalación. La museología moderna, que ha puesto un gran énfasis en la voluntad de comunicación con el público, se fundamenta en estas herramientas. Un montaje correcto es el primer instrumento de comunicación no verbal.

En realidad, el museo de los años noventa —el museo de masas— pone el acento en un aspecto que confunde didáctica y conocimiento. Asocia aspectos nuevos que es necesario analizar y a los que se aludía al comienzo. Existe una escala de valores simbólica en cuanto a lo que el museo conserva, de todos los ámbitos, del arte a la ciencia, y esta escala tiene orígenes antiguos. Si seguimos el rastro del museo hasta sus orígenes renacentistas, descubrimos su profundo vínculo con un proyecto que constituye la traslación puntual de una lectura simbólico-religiosa procedente de las prácticas de las colecciones en iglesias y santuarios. Veremos, además, que este conjunto de valores acabará impregnando la propia recuperación de la idea y del término *museo,* así como la creación de un marco y de un montaje acordes con esos mismos valores.

Petrarca es su precursor, pues a mediados del siglo XIV dirige la atención al significado simbólico de las obras incluso antes que a su valor artístico o como testimonio de la Antigüedad. Es una iniciativa profundamente individual la que traslada al ámbito laico las colecciones, ya sean de libros —como la biblioteca del poeta en Arquà— o de objetos, como ocurrirá en esos mismos años con las obras de arte de la colección de Oliviero Forzetta en Treviso. Hasta bien entrado el Medievo, las colecciones fueron en gran medida obras colectivas. Sin embargo, existe cierta continuidad entre el uso que la Iglesia hizo de los objetos y su traslado al nuevo horizonte de las colecciones humanísticas. Desde el período románico en adelante, la Iglesia asumió la tarea de custodiar y hacer público —es decir, exponer— todo aquello que la comunidad circundante consideraba que era digno de conservación. Esto se aprecia claramente si se tiene en cuenta la heterogeneidad de lo conservado. Además de los objetos de culto y de la vajilla litúrgica, se coleccionan maravillas de la naturaleza, huesos gigantescos, huevos de avestruz, animales exóticos, objetos arqueológicos recontextualizados en un nuevo horizonte de referencias —como camafeos y gemas que pasan a ornamentar cofres, cruces procesionales o encuadernaciones de evangeliarios—, u otros vestigios antiguos reinterpretados simbólicamente como testimonios de episodios de las Sagradas Escrituras, como vasos que se convierten en las hidrias de las Bodas de Caná o una piedra de granito que se considera una reliquia de la Columna de la Flagelación de Cristo. Desde hace tiempo se ha encontrado en la iglesia el núcleo originario del museo moderno por el amplio uso público que le es consustancial, y porque en ella se encuentran los primeros indicios de una auténtica preocupación por el montaje de los objetos exhibidos y su jerarquización. Así, por ejemplo, los objetos más valiosos o destinados a atraer de inmediato la mirada del fiel se disponen en lo alto, en el centro de la nave. De igual modo, también fuera de la Iglesia se acumulan objetos dignos de ser conservados.

En otro orden de cosas, ciertas partes de una ciudad pueden considerarse tuteladas mucho antes de la difusión del concepto de bien cultural. Baste pensar en la costumbre de exponer a la vista los trofeos, procedente del mundo romano y muy arraigada en Italia. En Venecia, son los fragmentos traídos de lugares lejanos los que decoran el exterior de San Marcos, desde los Tetrarcas hasta los pilares de Acre, pasando por la reutilización de obras paleocristianas o la Cuadriga Triunfal. En Pisa y Lucca, los trofeos procedentes de Oriente se exhiben en los espacios públicos. Así, Lucca tenía un león sobre una de las puertas de la muralla, y, en Perugia, un león y un grifo antiguos, descubiertos durante el ensanche de la ciudad, todavía decoran la fachada del Palazzo dei Priori. Estaban rodeados de un halo mágico, hasta el punto de que se los vestía y sus vestiduras se vendían como reliquias. En 1358 se colgaron de sus patas las cadenas retiradas de las puertas de los sieneses durante una batalla, y esas cadenas siguen todavía ahí.

Un objeto se tutela por su carga de valores. El horizonte simbólico que acompaña el paso del coleccionismo religioso al laico es una de las líneas maestras que recorren la museología y le permiten adentrarse en la contemporaneidad. En este sentido, una herramienta útil es, sin duda, el análisis del propio término *museo,* que en el uso ha perdido por completo de vista su empleo originario. Es necesario recuperar sobre todo el aspecto proyectual que está en el origen de la colección, captar el uso simbólico de los objetos y los vínculos que se establecen entre ellos y el entorno, en un sólido entramado de lugares y de significados.

El término *museo* aparece con su uso moderno precisamente en el momento en que se perfila una nueva relación entre objeto, colección y entorno. Es decir, cuando, a comienzos del siglo xv, el despertar del interés humanístico, partiendo del coleccionismo de carácter predominantemente religioso del que se ha hablado, introduce en escena las antigüedades, los códices con los textos clásicos y el retrato. El museo es el lugar secreto, el templo dedicado a las Musas en que el estudioso, retomando prácticas ya experimentadas en el ámbito eclesiástico de la celda monástica, recrea a su alrededor, entre cuatro paredes, un microcosmos que es la proyección de un magisterio intelectual, del recogimiento en el estudio y en la meditación. Este espacio recibe muy pronto la denominación de *studiolo* y, en su interior, desde el momento en que se establece la asociación con las Musas, se define como *museo,* es decir, como espacio de colección en el que se ejerce una actividad de conocimiento vinculada al sistema de pensamiento y de creación artística que las Musas representan.

En los orígenes del museo asistimos a una profunda transformación de todos los sistemas de referencia. *Musaeum* es el término de origen griego *(mouseion,* 'lugar de las Musas'), que utiliza Estrabón en el siglo III d. C. para definir los espacios en los que se reunían estudiosos y filósofos en la Biblioteca de Alejandría. Pero el término sigue un recorrido mucho más complejo en su «traducción» al ámbito humanístico, en el que merece la pena detenerse. Antes incluso de que se establezca una alusión precisa a la ciudad helenística, es a través del redescubrimiento de las divinidades paganas encargadas de las actividades creativas y del espíritu —Apolo y las Musas— como se sientan las bases para un primer uso del término *museo* con un significado moderno, inicialmente esporádico y luego cada vez más frecuente a partir del siglo XV. De nuevo, Petrarca proporciona indicios sobre el lugar en que el estudioso puede retirarse para ejercer una actividad intelectual profundamente arraigada en la soledad, en compañía de unos pocos compañeros y con la posibilidad de recogerse en un espacio elegido para la vida del espíritu.

Aquí están presentes las Musas como divinidades a las que resulta grato ofrecer estas actividades intelectuales, mientras que el poeta denomina «monte Helicón» a uno de los jardines que flanquean su morada de Vaucluse. Menos de un siglo después del *De vita solitaria,* entre 1448 y 1452, la decoración del *studiolo* de Belfiore en Ferrara, proyecto ideado por Leonello d'Este y continuado por Borso con la elaboración iconográfica de Guarino Veronese y de Teodoro Gaza, culmina la unión entre lugar de estudio y programa iconográfico. Todavía no se habla de museo, sino de *Musarum studium,* y Leonello es *Musarum amator.* Aún más explícita resulta, pocos años después, la asociación entre estudio y Musas en el *studiolo* de Federico da Montefeltro en el Palacio Ducal de Urbino, aunque el término que sigue utilizándose es *sacellum.* Así, situados bajo el *studiolo* en sentido estricto, se erige un templete consagrado a la divinidad cristiana y otro dedicado a Apolo y las Musas.[1]

El fenómeno más relevante en esta génesis del término, y que conviene subrayar sobre todo en el ámbito de la teoría del museo, está ligado, precisamente, a su uso simbólico. El auge de los valores simbólicos vertebrados en torno a esta institución naciente acompañará, con el tiempo y en grados diversos, su desarrollo; ello será así hasta años muy próximos a nosotros, en los que, como veremos, corresponderá también a la museología la tarea de interpretar la definición y el uso de esta carga de significados.

El museo es, desde sus orígenes, el lugar de una función simbólica del objeto, y lo es ante todo en la construcción semántica del propio término. Como se ha visto, en sus orígenes, la iglesia desempeñó una función importante en la relación de los objetos con el espacio. Pero, en realidad, la iglesia nunca se define a sí misma como recipiente. Al contrario, impone con fuerza su naturaleza singular de lugar de culto, de modo que todo lo que se encuentra en su interior se ve inmerso en una lógica de creencia. Las partes más heterogéneas —las reliquias— remiten al cuerpo de los santos o a las escenas de Cristo encarnado; los fenómenos de la naturaleza se viven como advertencias morales, y todo funciona perfectamente en un contexto como el de la religión, que pertenece por definición al ámbito de lo maravilloso, un contexto en el que ya se ha obrado una profunda separación de lo cotidiano desde el momento en que se cruza el umbral de la iglesia.

Poggio Bracciolini nos transmite el uso simbólico de los objetos en una de las primeras colecciones humanísticas de antigüedades, cuando relata, en las *Epistolae,* hacia 1430, que colocará una Minerva, recién adquirida,[2] en su biblioteca, con el fin de crear una perfecta correspondencia entre libros y estatua: entre la naturaleza, pues, de esta, protectora de la mente, y la de aquellos, testimonios del saber. Por este mismo motivo, retomados del mundo clásico y siguiendo una tradición que parece no haberse abandonado nunca, llegan al ámbito humanístico del *studiolo* los retratos de los antiguos —como en el *studiolo* de Federico da Montefeltro en Urbino—, en calidad de ejemplo de inspiración moral y de *comites latentes,* según la bella definición que Petrarca había dado de sus libros.

Todos estos lugares de las Musas son ya «museos» en el sentido humanístico, es decir, espacios en los que se ejerce un magisterio intelectual que no es solo de estudio, meditación y soledad, sino que desde el principio se sirve de la contemplación de los objetos de una pequeña colección y de las imágenes de las que el estudioso se ha rodeado. Así, según Ficino, los filósofos y los poetas son los sacerdotes del museo. Es de nuevo

Poggio Bracciolini quien nos dice que esas imágenes son ejemplos de virtud, cuya función —ya ensalzada por Petrarca— consiste en entablar un diálogo con los antiguos. Dentro del horizonte laico del *studiolo* se ha recreado una nueva religión de la imagen, construida sobre la carga de significados simbólicos que el humanista ha dispuesto en torno al objeto —que por lo general es un vestigio de la Antigüedad—, en su «templo-oratorio» privado.

En este contexto, se percibe muy pronto la analogía con el teatro, pues ambos son entornos en los que los objetos se muestran. Las dos metáforas, teatro y museo, se relacionan ya desde comienzos del siglo xv, hasta quedar codificadas en lo que podemos considerar el primer tratado de museología y, al mismo tiempo, de museografía, el *Inscripciones o títulos del más ilustre teatro: el museo como receptáculo de objetos maravillosos,* de Samuel Quiccheberg, publicado en 1565. Los museos son los teatros en los que se recorren de nuevo los lugares donde se detenían poetas y filósofos de la Antigüedad, para realizar una meditación filosófica leída a través de los ojos de los clásicos.

A comienzos del siglo xvi empieza a abrirse camino el término museo y termina por imponerse, aunque sigue conviviendo con *studio, studiolo, antiquario,* y con la nueva creación destinada a la colección, que será la galería. El museo es el lugar en el que Mario Equicola, literato de la corte de los Gonzaga, afirma querer colocar un retrato que solicita a Giovio en 1523. Ese mismo año, Erasmo, en *Los banquetes,* retoma la idea de un espacio destinado al estudio ya presente entre los humanistas italianos, al que denomina *museion*. El mismo término se utiliza en el entorno de Pietro Bembo, apasionado coleccionista de antigüedades, que posee un *studiolo*, primero en Roma y después, desde 1532, en Padua, hasta el retorno siete años después del humanista a Roma. También el suyo es un *musaeum, según* el testimonio de un contemporáneo, Alessandro Maggi da Bassano, mientras que Benedetto Varchi, en la elegía que le dedica, subraya su aura sagrada: «Era la casa de Bembo como un público y mundanalísimo templo, consagrada a Minerva».[3]

Pero la verdadera codificación del término se debe a Paolo Giovio, quien en 1543 realiza en Como uno de los proyectos más innovadores de este ámbito creado por los humanistas, en el que enfatiza y enriquece todos sus elementos constitutivos, desde el programa iconográfico hasta la inmersión en la naturaleza y la presencia de una conspicua colección de retratos.

Giovio utiliza por primera vez de manera consciente el término *museo;* lo aplica a una estructura nueva, que se define por la centralidad otorgada a las Musas, con una sala destinada a su representación iconográfica. Los contemporáneos advirtieron de inmediato la relación entre el museo y las Musas, como testimonia Anton Francesco Doni: «En la parte superior, a un lado, hay una sala maravillosísima con todas las Musas pintadas alrededor con sus atributos, perspectivas, animales, frisos y figurillas admirables.

Esto es el Museo propiamente dicho».[4] En la acepción propuesta por Giovio, el museo implica tanto un edificio como un programa iconográfico y una colección. Es, además, un lugar monumental, un punto de referencia destinado al uso y disfrute de un amplio círculo de personas. En las diversas intenciones programáticas aparece asimismo el término *público*.

En las precisiones semánticas que se van haciendo en torno al museo emerge con gran claridad, como se ha visto, la muy particular naturaleza de esta institución. Antes incluso que lugar de conservación y atesoramiento, el museo es un espacio en que se desarrolla un proceso de conocimiento. Las figuras sacras persisten a lo largo del tiempo, aunque se vacían gradualmente de significado y tienden a convertirse en una suerte de jeroglíficos. Las Musas, Minerva, el Tiempo y la Fama, la Naturaleza y el Arte están, en efecto, presentes en los frontispicios de los catálogos de los museos enciclopédicos entre los siglos XVI y XVII, cuando el término comienza a difundirse, a partir del primer catálogo del museo de Francesco Calceolari en Verona, en 1583. También en este contexto persiste una atmósfera sacra, si entendemos la sacralidad como el ámbito de la prohibición, de la alteridad respecto de lo real. En este sentido, no existe diferencia entre el ambiente acogedor y de recogimiento del *studiolo* y la gran galería que se afirma a partir de mediados del siglo XVI, que tiene en Italia el formidable ejemplo de los Uffizi. Siguiendo el modelo del *studiolo,* se configuran algunas colecciones de maravillas, como la de Francesco Calceolari (1583, 1622), la de Ferrante Imperato (1599), la de Basilius Besler (1616), la de Ole Worm (1655) o la de Ferdinando Cospi (1677). Todas ellas ocupan una única estancia, con los objetos dispuestos en las paredes, en el techo e incluso en el suelo, de modo que se incita al coleccionista o al visitante a abarcarlo todo de una sola mirada.

Los museos de Michele Mercati (antes de 1585), Manfredo Settala (1666), Athanasius Kircher (1678), la *Kunstkammer* de los duques de Wurtemberg en Stuttgart (hacia 1680) y la del príncipe elector de Brandeburgo en 1696, así como los de Rumphius (1705) y Levin (1706), responden, en cambio, al modelo de la galería, con un largo corredor o vestíbulo casi siempre con ventanas dispuestas en un solo lado o con grandes espacios que se suceden.

El deseo de apartarse de los hombres y del mundo es uno de los motivos siempre presentes en el largo camino que conduce al museo moderno. El aura de sacralidad nunca ha abandonado al museo, ni siquiera hoy, y constituye uno de los elementos fundamentales a los que la museología debe enfrentarse. De hecho, también hoy el museo es el espacio de una alteridad, como lo ha sido siempre. Volver sobre sus orígenes renacentistas, incluso indagar en la etimología del término, permite reencontrar la primera estructura que la museología debe afrontar: el aura que rodea al museo. El aura es el umbral que es necesario franquear, la distinción entre lo cotidiano y el museo, que ni siquiera la estructura más atractiva ha logrado o querido suprimir.

Piénsese, por ejemplo, en las imágenes de las largas colas que la pirámide del Louvre impone en ocasiones a los visitantes. Por un mal desempeño de su función, se reproduce, quizá de manera involuntaria, la experiencia de un lugar que de algún modo hay que ganarse.

Junto a esta persistencia del aura en torno al museo y al proyecto —que se remonta a sus orígenes— del museo como máquina de conocimiento, la museología moderna se sitúa ante todo en el centro de un amplio panorama de disciplinas que, desde hace algunas décadas, han surgido en torno a los orígenes del museo y la colección. Aquí debemos añadir que se trata de disciplinas histórico-artísticas, porque, en cualquier caso, en la larga sucesión de factores que dan origen al museo en la Edad Moderna ha emergido la condición característica de un espacio que se interpreta inicialmente como lugar de un saber de carácter histórico, que remite a la Antigüedad.

En los años recientes, la historia del arte ha avanzado en una dirección que, si bien no es directamente la de la investigación sobre el museo, lo ha realzado de manera notable, y ha incorporado relevantes elementos que contribuyen a ampliar su conocimiento. Sobre todo, se han desarrollado los estudios sobre el mecenazgo, el entorno que se articula en torno a los artistas, las colecciones y sobre aquellas figuras que Chastel denominaba «los intermediarios»: anticuarios, consejeros de coleccionistas, conocedores. Desde distintos ámbitos ha salido así a la luz información sobre la historia de los conjuntos en que las obras se han ido integrando progresivamente. De este modo, museo y colección han pasado a reforzar juicios de valor, elecciones, trayectorias, cambios de gusto, fenómenos de mercado y la creación de géneros. Algunos historiadores del arte anglosajones, como Haskell, han inaugurado un campo de estudios verdaderamente nuevo, al que se han sumado las primeras investigaciones sobre la historia del coleccionismo.

La imagen del museo se ha visto modificada y, sobre todo, nuestra conciencia de este fenómeno ha adquirido nuevos matices. La museología dispone ahora de todas estas herramientas y ha cobrado renovado vigor gracias a esta ampliación de horizontes. Sabemos bien que, en el terreno vago y resbaladizo de esta disciplina, resulta esencial dotar a la museología de herramientas concretas. De ahí debe surgir una adecuada puesta a punto de un amplio bagaje de conocimientos y una reflexión programática igualmente atenta y continua sobre el presente. Construir la secuencia fundacional de un fenómeno tan variable como el museo solo puede hacerse sobre la base de una serie de constantes, que es posible identificar precisamente situándose en una doble perspectiva de investigación y de adquisición histórica y observación de lo contemporáneo.

El aura, como hemos visto, es la primera de estas características fundacionales. En el Renacimiento es una proyección hacia la autoridad de la cultura antigua, con los hitos —que nunca más volverían a repetirse— de la gran consideración del arte como una de las formas más elevadas de expresión y como documento histórico (véase, por ejemplo, en los primeros humanistas el interés por las monedas, las gemas y los camafeos como fuentes iconográficas). Sin embargo, a partir de la segunda mitad del siglo XVI, la colección se convierte también en el lugar en que se abre camino el conocimiento del mundo. De este modo, una parte sustancial de la historia de la naturaleza y de la ciencia pasa por el museo, sobre todo en lo que respecta a los problemas de orden y clasificación.

Con el advenimiento de la Ilustración se consolida esta institución como forma de conocimiento mediado, que pasa progresivamente a pertenecer a un círculo cada vez más amplio de personas, a partir de las academias. Es el prototipo de museo que se impondrá en el siglo siguiente y del que somos plenamente herederos. En el siglo XIX, sobre todo tras la experiencia napoleónica, aunque con claros antecedentes ya desde mediados del siglo XVIII, es el gran poder político el que crea el aura sacra, la imagen de la cultura y de la historia que quiere ofrecer y demostrar a todos que posee. Hoy, casi de manera inesperada, después de las desacralizaciones del siglo XX, pero sobre todo tras los esfuerzos de la museología de la posguerra por hacer, tal y como veremos, su imagen lo más atractiva posible, el museo conserva intacta su aura.

Como se decía, las características del museo en sus inicios no han cambiado con respecto a las actuales. Atesorar objetos es, por un lado, una de las conductas arquetípicas del comportamiento humano. El coleccionista lo hace con fines privados, y el museo público hace lo propio para la colectividad. Así, más allá del tipo de objetos atesorados, toda colección tiene la característica de ser una obra efímera, a través de la cual su autor puede elegir entre el fluir continuo de los objetos, y construir con ellos un proyecto. Toda verdadera colección tendrá un proyecto, mediante el cual el coleccionista expresará su visión del mundo, de la historia del arte o hará que la colección refleje las investigaciones que él mismo está llevando a cabo en el campo de los estudios naturales. En cualquier caso, su creación, derivada de un conjunto de objetos, quedará ligada a su destino personal. De ahí la necesidad de buscar una solución a la dispersión. El primer signo de la conciencia de la volatilidad de la obra-colección se encuentra en el catálogo. Por lo general, cuando la colección está casi concluida, su autor se dispone a elaborarlo, ya sea personalmente o con la ayuda de alguien. El catálogo es una herramienta preciosa a través de la cual podemos reconstruir el proyecto de la colección, su orden subyacente y, en los casos más afortunados, también la relación entre los objetos y el espacio, así como el modo de exponer la colección y los dispositivos que la contienen. Sin embargo, el destino de la colección está ligado a la posteridad del coleccionista y, por ello, otras herramientas, como los inventarios o el testamento, resultan testimonios muy valiosos. En particular, el testamento expresa, en la forma de conservación elegida, un proyecto ulterior que atañe precisamente al uso público o semipúblico de la colección. Entre los diversos casos, con distintos grados de preocupación por el futuro de la colección, cabe citar la sencilla recomendación que hace Pietro Bembo en su testamento de 1544, en el que nombra heredero universal a su hijo Torquato con la obligación «de no vender, ni empeñar, ni donar en ningún caso ninguna de mis antigüedades, ya sean de piedra, de bronce, de plata o de oro [...], conservándolo todo para su honor y para mi memoria»,[5] o el de Gabriele Vendramin, el refinado coleccionista veneciano que conserva «en una de sus cámaras y fuera de dicha cámara muchas pinturas al óleo y al guache sobre tabla y sobre tela, todas de mano de hombres excelentísimos, de gran valor y dignas de gran consideración». Entre estas pinturas se encuentra *La tempestad* de Giorgione. Vendramin, en su testamento de 1548 —al que añade en 1552, poco antes de morir, algunas apostillas—, pide a sus herederos que no se desprendan de los objetos de la colección que ha reunido. Jurídicamente, será la institución del fideicomiso la que garantice, hasta 1871, la integridad del patrimonio, vinculado al heredero varón. En consecuencia, también la colección, que forma parte de él, obtendrá una suerte de tutela que contribuye a conservar los patrimonios de las grandes familias. Sin embargo, existe asimismo una temprana voluntad de donar las colecciones al patrimonio público, que encontramos de nuevo en Venecia. El núcleo de las colecciones de Domenico y Giovanni Grimani se dona a la República y dará lugar, a finales del siglo XVI, al *Estatuario Público,* mediante un gesto novedoso que marca el inicio del museo público en la

Edad Moderna y que figura en las disposiciones testamentarias del cardenal, redactadas en Roma en 1523.

Con gran espíritu humanista, el coleccionista expresa el deseo de que los objetos de la colección sirvan para vincular a un espacio la memoria de la familia. Del mismo modo, asocia a un espacio su obra y, junto a ella, las actividades de pensamiento, de contemplación y de meditación que en él desarrolla («Asimismo deja a la Señoría todos sus bronces y mármoles, para que se adorne con ellos una sala en su memoria»).[6] En estos documentos la historia del coleccionismo encuentra sus principales herramientas de estudio e investigación. El testamento es, por lo general, el delicado eslabón que vincula la estructura privada con la pública. Podría citarse una amplia casuística. Se trata de un documento capaz de dar respuesta a diversas cuestiones: los motivos personales que impulsaron la formación de la colección, un proyecto de colección destinado a la posteridad y, en ocasiones, una auténtica y temprana conciencia museológica. Es la que expresa Ulisse Aldrovandi cuando lega su colección naturalista al Comune de Bolonia mediante su testamento de 1603.[7] El tema de los esfuerzos realizados y del afecto por la obra-colección se trasluce en sus palabras: «Considerando los grandes esfuerzos y gastos que he realizado continuamente [...], para que no vayan a malograrse [...] dejo este mi querido tesoro y trabajos a las autoridades de Bolonia [...]». El modelo previsto para la exposición es el *studiolo* («Desearía, por tanto, que se le asignara un lugar seguro con custodia [...], como un estudio [...]»). El custodio deberá ser un hombre de ciencia: «Para mayor conservación del susodicho museo y para mayor utilidad de los estudiosos, deseo que se escoja a un doctor [...]». Pero, sobre todo, Aldrovandi exige que se ejerza una tutela rigurosa de los objetos («que ninguna cosa sea jamás deteriorada ni cedida ni transportada fuera del museo ni fuera de la ciudad»). El mismo deseo de que el conjunto de los objetos no abandone los espacios en los que se han dispuesto se expresa en otro testamento que constituye un ejemplo de conciencia museológica, el de Teodoro Correr, que lega sus colecciones a la municipalidad veneciana en 1830. El testamento de Correr[8] es el perfecto retrato de un coleccionista ecléctico, aún adscrito al modelo enciclopédico de los siglos XVI y XVII, lleno de pasión por su obra efímera, de inquietud ante la dispersión que puede amenazarla tras su muerte y de desconfianza hacia los herederos. Sin embargo, en él se advierte también un verdadero proyecto museístico, que remite a la posibilidad del uso público de la colección, uso que el propio Correr ya había puesto en práctica al abrir su colección a eruditos y artistas dos días por semana. El modelo es, ciertamente, semejante al de otras instituciones que marcan en esos años el paso de lo privado a lo público, como la Accademia Carrara, constituida en Bérgamo por disposición del conde Giacomo Carrara el 24 de septiembre de 1795.

La conversión de una colección privada en pública rara vez se produce sin traumas. Un ejemplo de ello es precisamente la colección Correr, que, para cuando la dirige su tercer director, Vincenzo Lazari, ya había dejado de ser apreciada y comprendida por sus contemporáneos. Lo demuestra el catálogo impreso, publicado en 1859, en el que el conjunto de los materiales, seleccionados por Correr desde una perspectiva enciclopédica, se reorganiza por categorías que ya hacen pensar en una actualización conforme a los esquemas de los museos de arte industrial que comienzan a afirmarse en Europa. Se inicia así un comportamiento muy frecuente en la Italia decimonónica, por el que se adoptan nuevos modelos museísticos, pero a menudo se manipulan de manera desastrosa colecciones ya existentes, por incapacidad de crear museos acordes con unas exigencias que han cambiado.

El paso de la colección Correr de privada a pública tiene otro corolario demoledor. Vincenzo Lazari ejerce una auténtica censura sobre el coleccionista cuando manipula y destruye en gran parte toda la documentación de su correspondencia privada que podría perjudicar la imagen de Correr: testimonios de amistad con personas de dudosa reputación, ligados a la sospecha de que el patricio veneciano practicara la usura, o su colección de libros eróticos, que podía poner en entredicho su moralidad. Una vez convertido en *padre de la patria,* como salvador de la memoria veneciana, el coleccionista pasa a ser un símbolo frente al cual la realidad histórica deja de tener peso alguno.

EL SISTEMA DE LOS OBJETOS

La obra de arte, el espécimen naturalista y el objeto manufacturado con las más diversas finalidades existen más allá y por encima de su condición individual y, tarde o temprano, pasan a formar parte de un sistema de objetos que los modifica en parte y del que reciben una impronta indeleble. En realidad, toda la historia del arte, y también una parte de la historia de la ciencia, es una historia de objetos, surgidos de un rito o de una expresión espiritual a través de la metáfora, materializada en una entidad exterior, física, visible, expuesta ante los ojos de quien la mira, manipulable de algún modo, con un peso y una consistencia física bien definida. La ciencia ha dispuesto sus especímenes para penetrar en los secretos de la naturaleza, para clasificar y ordenar. De manera consciente o inconsciente, los valores y conocimientos han circulado a través de los objetos, y precisamente a los objetos se han confiado.

El museo se ha situado, al menos desde los años sesenta, en el centro de una reflexión significativa sobre los objetos, que ha llevado la atención hacia algunos puntos de gran importancia. El objeto ocupa un lugar central en la crítica a la sociedad de consumo. El museo se ha convertido en el lugar donde se materializa una propiedad colectiva. En paralelo, el coleccionismo privado ha sufrido, entre los años sesenta y setenta, una suerte de condena al olvido. Ha decaído en el interés colectivo y ha sido objeto de reprobación, sobre todo aquel coleccionismo cuyas intenciones de atesoramiento estéril, egoísta o de pura inversión mercantil fueron sometidas a juicio. Los ejemplos procedentes de Estados Unidos ofrecen buenas justificaciones en este sentido, como en el caso extremo de Albert C. Barnes, el coleccionista de Filadelfia, celoso hasta la paranoia de su patrimonio artístico, en tal grado que, hasta su muerte en 1951, había impedido a cualquier visitante el acceso a su colección. Sin embargo, precisamente en los años setenta, Bruno Toscano, al abordar el tema de la relación entre coleccionismo y mercado, y citar los casos de los grandes coleccionistas estadounidenses que adquirían, a través de sus marchantes, obras que nunca habían visto y que dejaban en sus cajas de embalaje sin siquiera contemplarlas, como Walters en Baltimore, recordaba que, en todos los casos, se trataba de la compra de obras de arte. En realidad, la proporción de motivaciones ligadas a fines especulativos quedaba, de todos modos, dentro del marco de una elección cultural.[1]

El museo se ha convertido, en los años de su compromiso social —o al menos de las demandas de renovación procedentes de su público—, en una de las instituciones sobre las que se han proyectado diversas expectativas y transformaciones. Algo de una ideología utópica o de un proyecto de sociedad ideal se ha plasmado en él quizá más que en otras instituciones. Baste con observar todo aquello que ha modificado su fisonomía de manera más intensa: la apertura nocturna, que, por ejemplo, Sandberg promovió por primera vez en Europa para el Museo Stedelijk de Ámsterdam en los años sesenta, a raíz de las presiones de los movimientos juveniles, en particular de los Provos, que reclamaban nuevos espacios para la creatividad. El museo de arte contemporáneo se abre a investigaciones musicales, teatrales y cinematográficas, y a una experimentación unitaria acorde con la desaparición de los géneros y de las distinciones, en busca de una investigación global de la expresión creativa, según los principios de algunos de los referentes intelectuales del momento, como Marcuse: «La transformación estética es una liberación». Desde tal perspectiva, tras estas demandas, se pide al museo que se convierta en un espacio accesible dentro de la ciudad, utilizable en cualquier momento, una suerte de taller de artista colectivo. Hoy puede verse claramente hasta qué punto este modelo —de museo para la sociedad, de museo creativo y no solo informativo— ha influido en la concepción de museos de arte contemporáneo como el Centro Pompidou y, en general, en los museos franceses, como el propio Louvre o el Museo de Orsay. El museo se ha vuelto accesible, al menos en apariencia. Parece no tener ya ante sí barreras sacras. No quiere ser más un lugar ajeno a la realidad, pero lo cierto es que se ha convertido en un entorno en que se transmite y recibe un conocimiento superficial. Es un mercado de ilusiones. Además, el modelo comercial, de exhibición de mercancías, que en los primeros análisis de la sociedad de consumo se atribuyó de inmediato al museo, no se ha corregido ni se ha contenido en absoluto. Al contrario, se ha extendido a estructuras tradicionalmente conservadoras como los museos de arte antiguo. A ello se suma que el propio edificio se ha convertido en objeto de consumo y se ha querido ofrecer como tal, como un gran juego, aunque de nuevo mecánico y pasivo.

En realidad, no es posible abandonar el verdadero proyecto museológico, que es el de la investigación y el conocimiento; en el largo plazo, solo cabe emprender una ardua tarea, mediante ejercicios de autoconciencia y autohistorización, que son los únicos que permiten transmitir contenidos auténticos y no solo impresiones efímeras.

El objeto dentro del museo es un elemento complejo. En él se construye lo que podemos llamar la secuencia de los distintos gestos de tutela, es decir, la diversa motivación que hace que, con el tiempo, un objeto sea conservado. Véase, por ejemplo, en las historias de algunos cuadros célebres, en las sucesivas decisiones que primero llevaron a encargarlos, lo que los dotó ya de un contenido preciso; después los mantuvieron en una determinada colección, y más tarde los hicieron migrar a otros contextos hasta recibir un uso contemporáneo. En este sentido, el *San Sebastián* de Mantegna es un buen ejemplo. Hallado en el estudio del pintor después de su muerte, el 13 de septiembre de 1506, y tras haber pertenecido a Pietro Bembo y pasado por distintas manos, llega finalmente a la Colección Franchetti de la Ca' d'Oro. Allí se le dota, antes de 1922, de uno de los montajes museográficos más monumentales. Se convierte en un pequeño templo dentro del museo: una capilla «laica», con un techo de madera del Quattrocento, placas de mármol en las paredes y un edículo marmóreo destinado a acoger el cuadro.

Así ocurre también con los cuadros del *studiolo* de Isabel de Este en Mantua, ejecutados todos ellos conforme a un encargo muy definido de la marquesa, integrados de manera homogénea en un espacio que les servía de marco y les proporcionaba, como elemento de cohesión, el programa iconográfico querido por la marquesa, para después dispersarse a raíz de su venta en 1632 y reunirse milagrosamente en la colección posterior de la que pasaron a formar parte: la del cardenal Mazarino. Aquí podría hablarse de una persistencia del núcleo de la colección que pasa por una venta y que desemboca, de manera casi milagrosa, en otra colección. Pero no fue así del todo. En efecto, a un destino privado en conjunto bastante lineal le ha seguido, lamentablemente en este caso, una destinación museística, la actual, que no tiene en cuenta la «historia de la colección» precedente, hasta el punto de que hoy las obras se hallan expuestas de manera independiente entre otros cuadros del Renacimiento italiano en el Louvre y ya no son recuperables de ningún modo, como núcleo orgánico, para un visitante que no esté advertido de ello. Que el museo sea un lugar de ruptura con la realidad y apartado de ella es una opinión construida sobre los triunfos del museo decimonónico. La más sólida de las instituciones que hemos heredado del siglo XIX arrastra consigo, en efecto, y ya desde comienzos del siglo XX, una serie de tomas de posición e investigaciones —además de adquisiciones cognoscitivas de gran importancia sobre su propia historia—, en las que se entrelaza también la evolución semántica de los dos términos de *museología* y *museografía*. Así como es necesario mantener continuamente activo el registro de la historización junto a cada manifestación del fenómeno museo o colección, incluso la más reciente —por esa compleja cadena de relaciones con el entorno político, social, cultural y científico que lo expresa—, del mismo modo deben mantenerse abiertos a todo cambio, ya sea grande o pequeño, los conceptos de museología y de museografía.

La necesidad de esta ampliación del campo queda perfectamente atestiguada por los elementos más dispares que se han utilizado para descifrar el fenómeno del museo precisamente desde comienzos del siglo XX. Dos estudios históricos de gran importancia, los de David Murray y Julius von Schlosser, ponen el acento en un concepto de museo que incorpora fenómenos olvidados como lo maravilloso, la curiosidad o la magia, elementos que, en realidad, no se habían perdido por completo en las colecciones enciclopédicas decimonónicas, que abarcaban materiales heterogéneos —desde las ciencias naturales hasta la etnografía o la técnica— con fines educativos y según programas de la misma clase.

El de Murray es un tratado que podemos definir como museológico ya desde su propio título, *Museums, their History, their Use,*[2] aunque el autor siga utilizando todavía el término *museografía* en la acepción dieciochesca. Consta de tres volúmenes, acompañados de una bibliografía y de un listado de los museos del Reino Unido. Presenta un desarrollo descriptivo en forma de repertorio de gran amplitud, con un profundo conocimiento de la literatura sobre el museo, de los catálogos antiguos y, sobre todo, de las primeras guías sistemáticas, como la de Johan David Koehler, que elabora un itinerario para los viajeros que desean visitar bibliotecas, gabinetes numismáticos, pinacotecas, museos de antigüedades, de historia natural, de curiosidades y de arte industrial.[3]

Murray, al igual que Neickel, utiliza el término *museografía* en sentido literal, cuando describe, en forma de inventario, las colecciones y traza una historia del museo, al tiempo que analiza el uso de los términos *museo* y *galería*. Resulta interesante observar que el término *Kunstkammer* ('cámara de arte') se traduzca como *Museum of Industrial Art* ('museo de arte industrial'), y que el contenido de sus colecciones históricas se defina como un conjunto de productos que imitan la naturaleza con gran destreza. Afirma asimismo que «en Francia se le llama *curiosité* a lo que nosotros llamamos artes aplicadas». Julius von Schlosser adopta un punto de vista muy parecido.[4]

Ambos textos son deudores de la gran historiografía decimonónica y, en particular, de aquellos estudiosos que centraron su atención en la iglesia medieval, como Paul Lacroix con su *Science et lettres au moyen âge*,[5] libro que Murray cita al inicio de su capítulo dedicado a los tesoros de las iglesias. También de estas nuevas formas de organizar el saber sobre el museo pueden extraerse consideraciones útiles.

El redescubrimiento de las formas de coleccionismo que están en la base del museo moderno se produce precisamente cuando, a finales del siglo XIX, el museo, como se ha visto, se convirtió en una de las instituciones fundamentales del sistema educativo y del poder político, que lo asumió como uno de los instrumentos de su propia imagen. Además, el museo, al menos a partir de mediados de siglo, desde la Exposición Universal de Londres, en 1851, y desde la creación del Museo de South Kensington en 1852, pasó a prestar una profunda atención a las obras de las denominadas «artes menores», desde la producción del objeto hasta el diseño y los materiales, atención que deriva de la difusión de las artes industriales y de la gran ampliación de horizontes que las ha caracterizado, al poner en relación obras de distintos países. En la segunda mitad del siglo XIX, se cultivó asimismo un coleccionismo ecléctico, que recuperaba categorías de objetos que el museo dieciochesco —aquel fundado en el redescubrimiento de la Antigüedad y en la educación y formación de los artistas a través de las academias— había comenzado a dejar de lado por no considerarlas ya actuales.

Era el momento propicio para una interpretación del museo sensible a los objetos de las artes menores, para una atención más detenida a los materiales que las habían caracterizado. Basta recorrer el catálogo de una colección de esos años —por ejemplo, el del Museo Correr de Venecia, ya citado, o el catálogo del Museo Poldi Pezzoli de Milán, publicado por su primer director, Bertini— para apreciar la amplitud y la complejidad de una colección heterogénea, con una gran atención a los objetos que no son ni pinturas ni esculturas, aunque a estas se les reserve el lugar de honor en la jerarquía. Junto a las obras de las denominadas «artes mayores» se enumeran muebles, tejidos, tapices, armas, bronces, porcelanas y mayólicas, orfebrería y esmaltes, vidrios, terracotas, mármoles y yesos, así como una miscelánea que incluye algunos cofrecillos de carey con ornamentaciones de plata y bronce del siglo XVI, una concha guarnecida en plata con el fondo grabado por Callot, un altorrelieve en cera y dos bajorrelieves en madera tallada.

El mismo esquema presentan otras obras importantes sobre colecciones históricas, como la que Adolfo Venturi, con veintiocho años, escribe sobre la Galería Estense de Módena. Aunque sigue un riguroso itinerario documental sobre las vicisitudes de las colecciones de los duques de Este en el traslado de la corte de Ferrara a Módena y recoge información sobre las grandes obras maestras de la galería y sus trayectorias, Venturi mantiene un planteamiento claramente identificable con los intereses extendidos en torno al arte industrial, las antigüedades, las monedas, las medallas, los bronces renacentistas, las hachas del Neolítico en serpentina verde —reunidas quizá como ceraunias, es decir, piedras caídas del cielo a causa de un rayo—, vasos orientales trabajados al damasquinado y al cincel, instrumentos musicales, esmaltes, objetos de marfil y de hueso.

La obra de Schlosser está más vinculada a la función que el historiador de arte desempeña como director del extraordinario museo de Viena, en el que confluyeron, entre otras colecciones de los Habsburgo, objetos procedentes de la colección de Fernando del Tirol y de la colección praguense de Rodolfo II. Pero también en este caso esto es expresión de una concepción más amplia del museo: por la naturaleza compleja de los objetos expuestos requiere un mayor conocimiento sobre la historia de las colecciones. Nos encontramos en los albores de una historia del coleccionismo que se sirve de la indispensable experiencia decimonónica del estudio de las colecciones y que constituye una investigación con rasgos distintos de los que habían acompañado a las colecciones entre los siglos XVI Y XVIII. No faltan catálogos de colecciones, inventarios, descripciones de las principales colecciones europeas en los relatos de viajeros, en los listados o en las primeras guías. Pero otra cosa muy distinta es adoptar una perspectiva histórica en el estudio de la colección. Esto presupone un primer e indispensable ajuste del punto de vista. No se describe lo existente, es decir, no se elabora un catálogo ni un itinerario, sino que se pone de relieve la configuración de las colecciones, inevitablemente distintas de las contemporáneas a quien escribe, por lo que resulta necesario un ajuste y una decodificación. Müntz descubre que, en la colección de Pedro el Gotoso, padre de Lorenzo el Magnífico, un cuerno de unicornio tenía mucho más valor que un cuadro. Este dato impondrá un cambio de criterio respecto al objeto. De ello se deriva una relativización del valor de los objetos y, lentamente, el descubrimiento de la carga simbólica que cada objeto lleva consigo y que varía de un contexto a otro. Este es otro de los aspectos que la historia del coleccionismo pone de manifiesto y que constituye uno de los fundamentos de la museología: el reconocimiento de una serie de significados que acompañan al objeto, que han construido a su alrededor una densa estratificación si se trata de un objeto «histórico», o que están a punto de construirla si la obra o el objeto se extraen del mundo contemporáneo para garantizar su conservación a largo plazo.

Es desde esta compleja estratificación sobre la que se articula, en cierto modo, el mensaje del museo y su función como transmisor de conocimientos y de información al público. A partir de esta perspectiva, el museo debe poder trabajar con herramientas nuevas. Hasta ahora ha experimentado grandes transformaciones en su interior cada vez que cambiaban el gusto o los criterios de exposición y montaje. En gran medida, no ha sido capaz de conservarse a sí mismo, ni de preservar su propia historia y las razones que lo constituyeron.

Pero es necesario reflexionar sobre otros modos y otras herramientas disponibles, con los que museología y museografía han de trabajar en conjunto. Es preciso replantear, sobre todo, el catálogo como un momento clave en que el museo se conoce a sí mismo y se capacita para transmitir un mensaje. Al volver la mirada al catálogo del Museo Poldi Pezzoli, publicado con ocasión de su primera apertura al público, nos encontramos ante una herramienta singular, también desde el punto de vista gráfico. Se trata de un pequeño volumen, que hoy es imposible de encontrar, sin duda inusual para la época, concebido como un repertorio con las entradas dispuestas por orden alfabético. Es el ejemplo de una valiosa voluntad didáctica en el interior de un conjunto de objetos muy complejo y heterogéneo.

El catálogo es una potente herramienta de orientación que se ofrece al visitante, quien puede ir a buscar por sí mismo los objetos y tener por fin la impresión de que el museo no es algo que se deba engullir de una vez con un único y enorme bocado, sino que es un lugar al que volver; al que se acude de cuando en cuando para ver una sala o una obra. Si se replantea el catálogo en estos términos —o mediante otros medios audiovisuales—, es decir, de forma legible y con referencias precisas, es posible evitar en muchos casos remontajes que resultarían efímeros, como bien sabemos, y que quedarían desmontados en poco tiempo. Debe salvaguardarse, en cualquier caso, en la mayor medida posible, el contacto directo con la obra, muy acentuado en un sentido estetizante por el museo romántico, pero insustituible si queremos que el museo se mueva conforme a un proyecto de auténtica promoción de la cultura, que no sea erudita ni memorista, y que tenga una *marcada concepción humanista*. Además, cada recurso didáctico del museo debe calibrarse y no ha de imponerse sobre la obra, como ha ocurrido con frecuencia en estas últimas décadas. Se trata, en fin, de decirle al visitante, como Sandberg habría querido que figurase por escrito en la entrada de su museo: «Olvida todo lo que sabes y empieza a mirar. Cuando salgas, empieza a pensar en el arte».

NOTA BIBLIOGRÁFICA

La bibliografía museológica corre el riesgo de oscilar entre una amplitud genérica y una especificidad muy reducida. Pero, sobre todo, exige abandonar de inmediato cualquier expectativa totalizadora de un gran libro de teoría e historia del museo, y obliga a moverse en varios frentes y sobre materiales que, en apariencia, podrían parecer conducir en otras direcciones. La teoría del museo procede solo en una pequeña parte del propio museo y se encuadra, al menos desde finales del siglo XVIII, en el patrimonio de ideas y reflexiones sobre la historia, la cultura y el saber científico de una época concreta. Desde el final de la Segunda Guerra Mundial —aunque con precedentes (T. L. Low, *The Museum as Social Instrument. A Study undertaken for the Committee on Education of the American Association of Museums,* Metropolitan Museum of Art, Nueva York 1942)— se relaciona con el tejido social y cultural circundante.

Conviene distinguir algunos de los principales ámbitos en los que moverse con el fin de identificar los elementos fundamentales: los estudios y las reflexiones de carácter general y programático sobre el papel del museo; las investigaciones sobre la historia de las colecciones públicas y privadas, a menudo motivadas por exposiciones; la definición, a través de la investigación y la documentación, de tipologías museísticas y, por último, las obras que el propio museo produce al indagar en sus características constitutivas y elaborar un catálogo de sus colecciones. Pero es preciso tener en cuenta también que es en la práctica, o en el proyecto concreto, donde se encuentran elementos de gran importancia y esquemas de aplicación dignos de ser atesorados.

De estas cuestiones, ya señaladas como los fundamentos de todo enfoque museológico acertado, se ofrece a continuación una bibliografía esencial que recoge las obras más recientes y representativas.

Entre los textos de carácter general cabe señalar: A. Emiliani, *Per una politica dei beni culturali*, Einaudi, Turín 1974; E. Russoli, *Il museo nella società. Analisi, proposte, interventi, 1952–1977*, Feltrinelli, Milán 1981; G. H. Rivière, *La muséologie selon Georges Henri Rivière*, Dunod, París 1989; *The New Museology*, ed. de P. Vergo, Reaktion Books, Londres 1989, recopilación de reflexiones y aportaciones sobre el mundo museístico anglosajón; *Exhibiting Cultures. The Poetics and Politics of Museum Display*, ed. de I. Karp y S. D. Lavine, Smithsonian Institution Press, Washington–Londres 1991, con ensayos de varios autores sobre los museos estadounidenses y, en particular, sobre el encuentro de civilizaciones diversas en la institución museística. La historia del museo ha sido investigada, desde comienzos del siglo xx, por D. Murray *(Museums, their History, their Use,* Glasgow 1904) y J. von Schlosser *(Die Kunst- und Wunderkammern der Spätrenaissance,* publicado en Leipzig en 1908, ed. it. Sansoni, Florencia 1974) y, tras la Segunda Guerra Mundial, por algunas «historias del coleccionismo», que siguen siendo obras generales de referencia, pese a los límites y a las simplificaciones propias de trabajos muy amplios y realizados sobre terrenos aún no explorados en profundidad. En particular, los volúmenes de Taylor (F. H. Taylor, *The Taste of Angels: a History of Collecting from Ramses to Napoleon,* Boston 1954, ed. it. Einaudi, Turín 1954); G. Bazin, *Le temps des musées,* Desoer, Lieja 1967; J. Alsop, *The Rare Art Traditions: The History of Art Collecting and Its Linked Phenomena Wherever These Have Appeared,* Thames and Hudson, Londres 1982 (sobre el cual, véase la reseña de E. Gombrich, ahora en *Riflessioni sulla storia dell'arte. Opinioni e critiche,* Einaudi, Turín 1991, pp. 226-241).

Los estudios sobre la historia del coleccionismo se han servido de algunos trabajos en profundidad sobre cuestiones más concretas, a través de los que es posible comenzar a trazar un mapa de las cuestiones museológicas. Puede partirse de los ensayos de G. Previtali en *Paragone* (1959), hoy recogidos en *La fortuna dei primitivi,* Einaudi, Turín 1964 y 1991, en los que se empieza a seguir el rastro de un coleccionismo artístico motivado por el redescubrimiento de relaciones e interdependencias que conducen a la construcción de la misma historia del arte. La circulación de las obras, las dinámicas y las influencias del mercado comienzan a estudiarse de forma sistemática con Haskell (F. Haskell, *Patrons and Painters. A Study in the Relations Between Italian Art and Society in the Age of the Baroque,* Chatto and Windus, New Haven–Londres 1963, ed. it. Sansoni, Florencia 1966 y 1985), con la identificación del punto de partida de algunos fenómenos museísticos, como las exposiciones de arte. Sobre la formación de un mercado del arte moderno a finales del siglo XVIII y sobre los centros que lo han liderado hasta hoy, también de Haskell *Rediscoveries in Art,* Phaidon Press, Londres 1976 (ed. it. Edizioni di Comunità, Milán 1982 y 1989).

Algunas exposiciones han marcado hitos decisivos en la investigación en torno a grandes colecciones. Su contribución debe considerarse desde dos puntos de vista: desde un primero de delimitación de determinadas fases del desarrollo de la historia de las colecciones; desde un segundo más estrictamente museológico, en la medida en que el aporte de conocimiento que exposiciones y catálogos proporcionan a núcleos de colecciones todavía existentes puede determinar mejoras en situaciones museísticas que a menudo no han sido capaces de ponerlas en valor, precisamente por falta de puntos de referencia. Se trata de investigaciones que pueden subsanar dispersiones, a menudo detectables en el propio interior del museo, confusiones entre colecciones diversas, núcleos de los que se ha perdido el hilo proyectual. En particular, entre las exposiciones más significativas y pioneras debido a su método de investigación y novedad de contenidos, pueden recordarse: *Il tesoro di Lorenzo il Magnifico,* Florencia 1972, 2 vols.; *Lo Studiolo di Isabella d'Este,* ed. de S. Béguin, Éditions des Musées Nationaux, París 1975; *La scienza a corte. Collezionismo eclettico, natura e immagine a Mantova tra Rinascimento e Manierismo,* Mantua 1979; *I materiali dell'Istituto delle scienze,* Bolonia 1979; *Curiosità di una reggia,* Palazzo Pitti, Centro Di, Florencia 1979; *Palazzo Vecchio: committenza e collezionismo medicei 1537-1610,* Centro Di, Florencia 1980; *Die Brandenburgische-Preussische Kunstkammer,* ed. de C. Theuerkauff, Staatliche Museen Preussischer Kulturbesitz, Berlín 1981; *Dalla casa al museo. Capolavori da fondazioni artistiche italiane,* ed. de A. Mottola Molfino, Electa, Milán 1982; *Zauber der Medusa. Europäische Manierismen,* ed. de W. Hofmann, Viena 1987; *Prag um 1600. Kunst und Kultur am Hofe Rudolfs II,* Kulturstiftung Ruhr-Essen, Luca Verlag, Freren 1988, 2 vols.; *Christian IV and Europe, 19th Art Exhibition of the Council of Europe,* Copenhague 1988; *Le cabinet de curiosités de la Bibliothèque Sainte-Geneviève des origines à nos jours,* París 1989; *Das Amerbach-Kabinett,* Kunstmuseum, Basilea 1991, 4 vols.; *De Wereld binnen Handbereik. Nederlandse Kunsten Rariteitenverzamelingen, 1585-1735,* Historisch Museum, Ámsterdam 1992.

Sobre cuestiones conceptuales que pueden conducir a la identificación de tipologías museísticas: W.

Prinz, *Galerie,* Gebr. Mann Verlag, Berlín 1976 (ed. it. Panini, Módena 1988); W. Liebenwein, *Studiolo. Die Entstehung eines Raumtyps und seine Entwicklung bis um 1600,* Gebr. Mann Verlag, Berlín 1977 (ed. it. Panini, Módena 1988); *I musei,* ed. de A. Emiliani, colección *Capire l'Italia,* Touring Club, Milán 1980, con el volumen anexo *I Musei-Schede,* introducción de G. Romano, Touring Club, Milán 1980 (en la misma colección); J. M. Morán–F. Checa, *El coleccionismo en España. De la cámara de maravillas a la galería de pinturas,* Cátedra, Ensayos Arte, Madrid 1985; *The Origins of Museums. The Cabinet of Curiosities in Sixteenth- and Seventeenth-Century Europe,* ed. de O. Impey y A. MacGregor, Clarendon Press, Oxford 1985; K. Pomian, *Collectionneurs, amateurs et curieux, Paris–Venise: XVI–XVIII siècle,* Gallimard, París 1987 (ed. it. Il Saggiatore, Milán 1989).

En lo que procede más directamente del ámbito museístico es necesario partir de una suerte de ejercicio de autoconciencia que el museo pone en marcha para conocer su propia historia; una reflexión que puede tener en su base un esquema operativo o bien producirlo. Sin embargo, no es mucho lo que se ha hecho en este sentido. Aunque muy útiles, no pueden considerarse como herramientas de la museología aquellos catálogos de museos —y son numerosos— en los que se han registrado y estudiado los objetos existentes sin investigar las procedencias de las piezas ni identificar cuáles son los núcleos de las colecciones que se han ido formando. Solo lenta y trabajosamente está emprendiendo el museo el proceso de interrogarse sobre su propia historia. En este sentido pueden citarse, como referencia por el método que utilizan, la calidad de los resultados y la pertinencia de los problemas abordados, el pequeño catálogo del Museo de Arte Moderno de París con el significativo título *Musée National d'art Moderne. Historique et mode d'emploi,* a cargo de C. Lawless, Centre Pompidou, París 1986; el nuevo catálogo del Museo de Historia de la Ciencia de Florencia *(Museo di Storia della Scienza,* a cargo de M. Miniati, Giunti, Florencia 1991) y el del *Museo de Historia del Arte de Viena Die Geschichte des Hauses am Ring. Hundert Jahre im Spiegel historischer Ereignisse,* a cargo de H. Haupt, Kunsthistorisches Museum, Viena 1991.

Parte de las herramientas de la museología procede de las investigaciones ya realizadas sobre la historia de las colecciones y del museo, y se amplía a las leyes y a los criterios que han orientado la tutela (véase en particular A. Emiliani, *Leggi, bandi e provvedimenti per la tutela dei beni artistici e culturali negli antichi stati italiani, 1571-1860,* Nuova Alfa, Bolonia 1978).

La literatura museológica ha recibido aportaciones recientes a través de proyectos de nuevas ordenaciones museísticas, que no están vinculadas exclusivamente a un edificio o a sus colecciones, sino que son capaces de crear un sistema abierto a cualquier ciudad y territorio, como *Proposte per un riordino dei Musei Civici di Modena,* a cargo de A. Buzzoni, P. G. Castagnoli, M. Ferretti, P. Fossati y S. Settis, Assessorato alla Cultura, Comune di Modena, Módena 1980, y *Il museo del territorio biellese. Ricerche e proposte,* I, a cargo de G. Romano, Consejería de Cultura, Comune di Biella, Biella 1990.

Así, resulta ejemplar, por la investigación realizada y los posibles corolarios operativos, el estudio sobre los museos locales del Lacio promovido por Bruno Toscano *(I Musei locali del Lazio,* suplemento del n.º 30 del «Bollettino d'arte», Istituto Poligrafico e Zecca dello Stato, Roma 1986), al que siguieron las actas del congreso de 1987 *(Musei locali, luoghi e musei,* a cargo de E. Borsellino, Guido Guidotti Editore, Roma 1990).

LOS LUGARES[*]

Las instituciones museológicas tienen su centro en el ICOM (Consejo Internacional de Museos), el organismo de la Unesco con sede mundial en París, 1 rue Miollis, 75732, teléfono español 915 43 18 20. La Sociedad de Naciones, a través de su organismo, el Instituto Internacional de Cooperación Intelectual, ya contaba en los años treinta con una *Oficina Internacional de Museos* que publicaba dosieres y repertorios internacionales de museos.

Las naciones europeas y Estados Unidos están agrupadas en diversas asociaciones, como la Comisión de Museos y Galerías de Londres o la Alianza Estadounidense de Museos de Washington. En Alemania existe el Instituto de Investigación de Museos en el seno de los Museos Estatales de Berlín; mientras que en Francia la Escuela del *Louvre* cuenta, desde 1941, con una cátedra de Museología teórica y práctica fundada por Germain Bazin. En Italia, la *Asociación Nacional de Museos de Italia* organizó en

[*] La autora trazó esta sintética panorámica a comienzos de los años noventa. *(N. del E.)*

1980 una exposición, con un catálogo que reúne ensayos teóricos y análisis de la situación sobre las tipologías de museo (*Museo perché Museo come*, De Luca, Roma 1980). En 1990 se llevó a cabo la primera Conferencia Nacional de los Museos del Ministerio de Bienes Culturales. La *Università Internazionale dell'Arte* creó en los años setenta un Centro de Estudios para la Museología con la colaboración del CNR (Consejo Nacional de Investigaciones) y publicó el primer número de la revista *Museologia*, en Florencia, en 1972.

Los museos científicos italianos están agrupados en la *Asociación Nacional de Museos Científicos, Huertos Botánicos, Jardines Zoológicos y Acuarios,* con sede en Florencia. La Asociación crea la revista *Museologia scientifica* y promueve congresos; el segundo número estuvo dedicado a *Notizie storiche e cenni sulla consistenza delle collezioni dei musei naturalistici universitari di Torino,* en Turín, 1978, donde figuran las actas de dicho congreso.

Algunos museos de arte contemporáneo se han planteado recientemente el problema de la formación del personal científico y han organizado cursos. En particular, el Centro de Arte Contemporáneo de Grenoble y el Museo Pecci de Prato.

La museología se imparte, como asignatura, actualmente en las Facultades de Letras de algunas universidades italianas: en la Universidad de Pisa y en la Universidad de Udine, en el Grado en Conservación de los Bienes Culturales; mientras que la denominación *museografía* —aunque con un carácter principalmente histórico-crítico— aparece en los planes de estudio de las universidades de Florencia, Nápoles y La Sapienza de Roma. Algunas facultades de arquitectura (Milán, Venecia, Florencia) se han dotado asimismo de la asignatura de «Montaje y Museografía».

NOTAS

Las razones del museo

1. *Museographia oder Anleitung zum rechten Begriff und nüsslicher Anlegung der Museorum oder Raritätenkammern* (Leipzig y Breslavia, 1727).
2. *Museology,* con fotografías de Richard Ross, University Art Museum, Santa Barbara, 1989.
3. En *Mercure de France,* marzo de 1896.

Cuarenta años de museología

1. *La muséologie selon Georges Henri Rivière* (Dunod, París, 1989).
2. «Il nuovo Poldi Pezzoli», en *La Rassegna,* núms. 1-2, enero-febrero de 1952, reimpreso en F. Russoli, *Il museo nella società. Analisi, proposte, interventi, 1952-1977,* Feltrinelli, Milán, 1981, p. 75.
3. F. Russoli, 1956.

Museografía

1. F. Minissi, *Il museo negli anni '80,* ed. Kappa, Roma 1983.
2. *Per una politica dei beni culturali,* Einaudi, Turín 1974.

Herramientas

1. Lugli, *Naturalia et Mirabilia,* Mazzotta, Milán 1983, pp. 56-57.
2. W. Liebenwein, Studiolo, 1977, ed. it. Panini, Módena 1988, p. 50.
3. Liebenwein, ed. it. cit., p. 188.
4. *Scritti d'arte del Cinquecento,* ed. de P. Barocchi, Ricciardi, Milán-Nápoles 1977, III, pp. 2895-2903.
5. G. Frizzoni, *Notizia d'opere di disegno...,* Bolonia 1884, p. 42.
6. R. Gallo, *Le donazioni alla Serenissima di Domenico e Giovanni Grimani,* en «Archivio Veneto», L–LI, 1952, pp. 36–37, e I. Favaretto, *Arte antica e cultura antiquaria nelle collezioni venete al tempo della Serenissima,* L'Erma di Bretschneider, Roma 1990, p. 86.
7. Publicado en G. Fantuzzi, *Memorie della vita di Ulisse Aldrovandi,* Bolonia 1774, pp. 67–85.
8. Publicado en parte en *Una città e il suo museo,* ed. de G. Romanelli, Venecia 1988, pp. 13 ss.

El sistema de los objetos

1. *Collezionismo e mercato,* en *Enciclopedia Feltrinelli-Fischer,* Milán 1971, pp. 106–123.
2. *Museums, their History, their Use* (Universidad de Glasgow, 1904).
3. Catálogo publicado en Leipzig en 1762 y posteriormente reeditado en 1788 y en 1810.
4. *Die Kunst- und Wunderkammern der Spätrenaissance,* Leipzig, 1908.
5. *Science et lettres au moyen âge* (París, 1877).

Ático de los Libros le agradece la atención
dedicada a *Museología,* de Adalgisa Lugli.
Esperamos que haya disfrutado de la lectura
y le invitamos a visitarnos
en www.aticodeloslibros.com,
donde encontrará más información
sobre nuestras publicaciones.

Si lo desea, también puede seguirnos
a través de Facebook, Twitter, Instagram, TikTok
o Threads utilizando su teléfono móvil
para leer los siguientes códigos QR: